中华人民共和国行业标准

公路路基施工技术规范

Technical Specification for Construction of Highway Subgrades

JTG F10—2006

主编单位:中交第一公路工程局有限公司
批准部门:中华人民共和国交通部
实施日期:2007年01月01日

人民交通出版社

图书在版编目（CIP）数据

公路路基施工技术规范:JTG F10—2006/中交第一公路工程局有限公司主编. —北京:人民交通出版社,2006.11(2007.7 重印)

ISBN 978-7-114-06221-6

Ⅰ. 公…　Ⅱ. 中…　Ⅲ. 公路路基—工程施工—规范　Ⅳ. U416.104-65

中国版本图书馆 CIP 数据核字(2006)第 126159 号

中华人民共和国行业标准
公路路基施工技术规范
JTG F10—2006
中交第一公路工程局有限公司　主编
人民交通出版社出版发行
（100011　北京市朝阳区安定门外外馆斜街 3 号）
各地新华书店经销
北京市密东印刷有限公司印刷
开本：880×1230　1/16　印张：10.25　字数：208 千
2006 年 10 月　第 1 版
2019 年 4 月　第 25 次印刷
定价：50.00 元
ISBN 978-7-114-06221-6

中华人民共和国交通部公告

2006年第35号

关于发布《公路路基施工技术规范》(JTG F10—2006)的公告

现发布《公路路基施工技术规范》(JTG F10—2006),自2007年1月1日起施行,原《公路路基施工技术规范》(JTJ 033—95)、《公路软土地基路堤设计与施工技术规范》(JTJ 017—96)、《公路粉煤灰路堤设计与施工技术规范》(JTJ 016—93)、《公路加筋土工程设计规范》(JTJ 015—91)、《公路加筋土工程施工技术规范》(JTJ 035—91)同时废止。

该规范的管理权和解释权归交通部,日常解释和管理工作由主编单位中交第一公路工程局有限公司负责。请各有关单位在实践中注意积累资料,总结经验,及时将发现的问题和修改意见函告中交第一公路工程局有限公司(北京朝阳区管庄周家井,邮政编码:100024,联系电话:010—65761831),以便修订时参考。

特此公告。

中华人民共和国交通部

二〇〇六年八月三十一日

主题词:公路　规范　发布　公告

交通部办公厅　　2006年9月5日印发

前　言

《公路路基施工技术规范》(以下简称《规范》)根据交通部交公路发[2003]297号文“关于下达2003年度公路工程标准制修订项目计划的通知”的要求进行修订,在广泛调研、专题论证的基础上,全面总结了近年来公路路基施工经验,吸纳了成熟的新技术、新工艺、新设备、新材料等应用成果,借鉴了国外相关标准、规范,体现了安全、经济、环保、可持续发展的理念。

修订后的《规范》共10章:1总则;2术语、符号;3施工准备;4一般路基施工;5路基排水;6特殊路基施工;7冬、雨季路基施工;8路基防护与支挡;9路基安全施工与环境保护;10路基整修与交工验收。

本次修订重点突出了路基施工中应遵守的准则、应达到的技术要求;强调强制性施工工艺要求、过程质量控制。修订的主要内容有:

(1)涵盖了《公路粉煤灰路堤设计与施工技术规范》(JTJ 016—93)、《公路软土地基路堤设计与施工技术规范》(JTJ 017—96)和《公路土工合成材料应用技术规范》(JTJ 019—98)等规范中施工方面的内容。

(2)取消了轻型压实标准,修订了压实度检测频率。针对湿黏土、红黏土、中弱膨胀土,提出了具体的压实度控制要求。

(3)对填筑层松铺厚度,不作统一规定,强调要与工艺条件相结合,根据试验路段确定。

(4)将原规范中“4 路基施工的一般规定”、“5 填方路堤的施工”、“6 挖方路堑的施工”、“7 路基压实”四章的内容合并为“4 一般路基施工”。

(5)补充了EPS块体路堤施工、路基拓宽改建施工、挡土墙、边坡锚固、土钉支护、抗滑桩、安全环保等施工内容,扩大了涵盖面。

各有关单位在执行过程中,如有问题和意见,请函告中交第一公路工程局有限公司(地址:北京市朝阳区管庄周家井,邮政编码:100024,电话:010—65757365、65757360、65761831),以便下次修订时研用。

主 编 单 位:中交第一公路工程局有限公司
参 编 单 位:陕西省高速公路建设集团公司
浙江省交通厅工程质量监督站
四川省交通厅公路局

新疆交通科学研究院
重庆交通科研设计院
辽宁省路桥建设总公司
主要起草人:刘元泉　刘树良　常广生　曹玉新　陆仁达　周　兵　刘　晟
王东耀　曹可勇　陈爱国　樊增彬　陈晓光　刘　健　滕前良
杨世基　李志勇　刘　军　王桂霞

目　次

1　总则

1.0.1　为提高公路路基工程施工技术水平,保证施工质量,制定本规范。

1.0.2　本规范适用于各级公路的新建和改(扩)建路基工程施工。

1.0.3　公路路基应达到设计要求的强度、稳定性和耐久性。

1.0.4　公路路基施工,必须遵守国家安全生产法律法规,制定安全技术措施,加强安全管理,严格执行安全操作规程,确保安全施工。

1.0.5　公路路基施工,必须遵守国家职业健康安全法律法规,健全施工人员健康安全保障体系,改善职业健康安全条件。

1.0.6　公路路基施工必须遵守国家生态、环境保护、土地管理的有关法律法规,尽量保护原有植被地貌,防止噪声和粉尘污染,对于施工废弃物必须妥善处理。

1.0.7　公路路基施工,必须遵守国家文物保护的法律法规,遇有文物时,应立即停止施工,并保护好现场,会同有关单位妥善处理。

1.0.8　公路路基施工前,应进行施工组织设计。

1.0.9　公路路基施工,在满足质量标准的前提下,鼓励采用新技术、新工艺、新材料和新设备。

1.0.10　特殊路段路基,宜进行动态施工。

1.0.11　公路路基施工,除应符合本规范规定外,还应符合国家现行有关标准和规范规定。

2 术语、符号

2.1 术语

2.1.1 路床 roadbed

路面结构层底面以下 0.80m 范围内的路基部分,在结构上分为上路床(0～0.30m)和下路床(0.30～0.80m)。

2.1.2 路堤 embankment

高于原地面的填方路基。路堤在结构上分为上路堤和下路堤,上路堤是指路面底面以下 0.80～1.50m 范围内的填方部分;下路堤是指上路堤以下的填方部分。

2.1.3 路堑 cutting

低于原地面的挖方路基。

2.1.4 填石路堤 rock-fill embankment

用粒径大于 37.5mm 且含量超过总质量 70%的石料填筑的路堤。

2.1.5 土石路堤 earth-rock embankment

石料含量占总质量 30%～70%的土石混合材料修筑的路堤。

2.1.6 CBR(加州承载比) California bearing ratio

表征路基土、粒料、稳定土强度的一种指标,即标准试件在贯入量为 2.5mm 时所施加的试验荷载与标准碎石材料在相同贯入量时所施加的荷载之比值,以百分率表示。

2.1.7 EPS Expanded Polystyrene

膨胀性聚苯乙烯泡沫塑料的简称。

2.2 符号

E_0——路基回弹模量(MPa)

l_0——路基顶面实测代表弯沉值(1/100mm)

w——土的天然含水量(%)

w_c——土的天然稠度

w_0——土的压实最佳含水量(%)

w_L——土的液限含水量(%)

w_P——土的塑限含水量(%)

I_P——土的塑性指数(%)

3 施工准备

3.1 一般规定

3.1.1 路基开工前,应在全面理解设计要求和设计交底的基础上,进行现场调查和核对。

3.1.2 在详尽的现场调查后,应根据设计要求、合同、现场情况等,编制实施性施工组织设计,并按管理规定报批。

3.1.3 路基开工前必须建立健全质量、环保、安全管理体系和质量检测体系,并对各类施工人员进行岗位培训和技术、安全交底。

3.1.4 临时工程,应满足正常施工需要,应保证路基施工影响范围内原有道路、结构物及农田水利等设施的使用功能。

3.2 测量

3.2.1 控制性桩点,应进行现场交桩,并保护好交桩成果。

3.2.2 控制测量

1 各级公路的平面控制测量等级应符合表 3.2.2-1 的规定。

表 3.2.2-1 平面控制测量等级

公路等级	平面控制网等级
高速公路、一级公路	一级小三角、一级导线、四级 GPS 控制网
二级公路	二级小三角、二级导线
三级及三级以下公路	三级导线

2 三角测量技术要求应符合表 3.2.2-2 的规定。

表 3.2.2-2 三角测量技术要求

等级	平均边长(m)	测角中误差(″)	起始边边长相对中误差	最弱边边长相对中误差	三角形闭合差(″)	测回数	
						DJ_2	DJ_6
一级小三角	500	±5.0	1/40 000	1/20 000	±15.0	3	4
二级小三角	300	±10.0	1/20 000	1/10 000	±30.0	1	3

3 导线测量技术要求应符合表3.2.2-3的规定。

表3.2.2-3 导线测量技术要求

等级	附合导线长度(km)	平均边长(m)	每边测距中误差(mm)	测角中误差(″)	导线全长相对闭合差	方位角闭合差(″)	测回数	
							DJ_2	DJ_6
一级	10	500	17	5.0	1/15 000	$\pm 10\sqrt{n}$	2	4
二级	6	300	30	8.0	1/10 000	$\pm 16\sqrt{n}$	1	3
三级	—	—	—	20.0	1/2 000	$\pm 30\sqrt{n}$	1	2

4 四级GPS控制网的主要技术参数应符合表3.2.2-4的规定。

表3.2.2-4 四级控制网技术参数要求

级别	每对相邻点平均距离 d(m)	固定误差 a(mm)	比例误差系数 b(10^{-6})	最弱相邻点点位中误差 m(mm)
四级	500	≤10	≤20	50

注:每对相邻点间最小距离应不小于平均距离的1/2,最大距离不宜大于平均距离的2倍。

5 各级公路的水准测量等级应符合表3.2.2-5的规定。

表3.2.2-5 水准测量等级

公路等级	水准测量等级	水准路线最大长度(km)
高速公路、一级公路	四等	16
二级及二级以下公路	五等	10

6 公路高程测量应采用水准测量。在水准测量确有困难的地段,四、五等水准测量可以采用三角高程测量。采用三角高程测量时,起讫点应为高一个等级的控制点。

7 水准测量精度应符合表3.2.2-6的规定。

表3.2.2-6 水准测量精度要求

等级	每公里高差中数中误差(mm)		往返较差、附合或环线闭合差(mm)		检测已测测段高差之差(mm)
	偶然中误差 M_Δ	全中误差 M_W	平原微丘区	山岭重丘区	
三等	±3	±6	$\pm 12\sqrt{L}$	$\pm 3.5\sqrt{n} \pm 15\sqrt{L}$	$\pm 20\sqrt{L_i}$
四等	±5	±10	$\pm 20\sqrt{L}$	$\pm 6.0\sqrt{n} \pm 25\sqrt{L}$	$\pm 30\sqrt{L_i}$
五等	±8	±16	$\pm 30\sqrt{L}$	$\pm 45\sqrt{L}$	$\pm 40\sqrt{L_i}$

注:1.计算往返较差时,L 为水准点间的路线长度(km)。

2.计算附合或环线闭合差时,L 为附合或环线的路线长度(km)。

3.n 为测站数,L_i 为检测测段长度(km)。

8 路基施工与隧道、桥梁施工共用的控制点,应分别满足《公路隧道施工技术规范》、《公路桥涵施工技术规范》的规定。

9 路基施工期间应根据情况对控制桩点进行复测。季节性冻土地区,在冻融以后应进行复测。

10　其他方面应符合《公路勘测规范》的规定。

3.2.3　导线复测

1　导线测量精度应符合表3.2.2-3的规定。

2　原有导线点不能满足施工需要时,可增设满足相应精度要求的附合导线点。

3　同一建设项目内相邻施工段的导线应闭合,并满足同等级精度要求。

4　对可能受施工影响的导线点,施工前应加以固定或改移,从开工至竣工验收的时间段内应保证其精度。

3.2.4　水准点复测与加密

1　水准点测量精度应符合表3.2.2-6的规定。

2　沿路线每500m宜有一个水准点。在结构物附近、高填深挖路段、工程量集中及地形复杂路段,宜增设水准点。临时水准点应符合相应等级的精度要求,并与相邻水准点闭合。

3　当水准点有可能受到施工影响时,应进行处理。

3.2.5　中线放样

1　路基开工前,应进行全段中线放样并固定路线主要控制桩,高速公路、一级公路宜采用坐标法进行测量放样。

2　中线放样时,应注意路线中线与结构物中心、相邻施工段的中线闭合,发现问题应及时查明原因,进行处理。

3　设计图纸和实际放样不符时,应查明原因后进行处理。

3.2.6　路基放样

1　路基施工前,应对原地面进行复测,核对或补充横断面,发现问题时,应进行处理。

2　路基施工前,应设置标识桩,对路基用地界、路堤坡脚、路堑坡顶、取土坑、护坡道、弃土堆等的具体位置标识清楚。

3　对深挖高填路段,每挖填3~5m或者一个边坡平台(碎落台)应复测中线和横断面。

4　高速公路和一级公路施工中,标高控制桩间距不宜大于200m。

5　施工过程中,应保护好所有控制桩点,并及时恢复被破坏的桩点。

3.2.7　每项测量成果必须进行复核,原始记录应存档。

3.3　试验

3.3.1　路基施工前,应按照有关规定和要求,建立试验室。

3.3.2 路基施工前,应对路基基底土进行相关试验。每公里至少取 2 个点;土质变化大时,视具体情况增加取样点数。

3.3.3 应及时对来源不同、性质不同的拟作为路堤填料的材料进行复查和取样试验。土的试验项目包括天然含水量、液限、塑限、标准击实试验、CBR 试验等,必要时应做颗粒分析、相对密度、有机质含量、易溶盐含量、冻胀和膨胀量等试验。

3.3.4 使用特殊材料作为填料时,应按相关标准做相应试验,必要时还应进行环境影响评估,经批准后方可使用。

3.4 场地清理

3.4.1 公路用地范围内原有构造物,应根据设计要求进行处理。

3.4.2 二级及二级以上公路路堤和填方高度小于 1m 的公路路堤,应将路基基底范围内的树根全部挖除,并将坑穴填平夯实;填方高度大于 1m 的二级以下公路路堤,可保留树根,但树根不能露出地面。取土坑范围内的树根应全部挖除。

3.4.3 应对路幅范围内、取土坑的原地面表层腐殖土、表土、草皮等进行清理,填方地段还应按设计要求整平压实。清出的表层土宜充分利用。

3.5 试验路段

3.5.1 下列情况下,应进行试验路段施工:

1 二级及二级以上公路路堤;

2 填石路堤、土石路堤;

3 特殊地段路堤;

4 特殊填料路堤;

5 拟采用新技术、新工艺、新材料的路基。

3.5.2 试验路段应选择在地质条件、断面形式等工程特点具有代表性的地段,路段长度不宜小于 100m。

3.5.3 路堤试验路段施工应包括以下内容:

1 填料试验、检测报告等;

2 压实工艺主要参数:机械组合;压实机械规格、松铺厚度、碾压遍数、碾压速度;最

佳含水量及碾压时含水量允许偏差等;

3 过程质量控制方法、指标;

4 质量评价指标、标准;

5 优化后的施工组织方案及工艺;

6 原始记录、过程记录;

7 对施工设计图的修改建议等。

4 一般路基施工

4.1 一般规定

4.1.1 路基施工应做好施工期临时排水总体规划和建设,临时排水设施应与永久性排水设施综合考虑,并与工程影响范围内的自然排水系统相协调。

4.1.2 路基填料应符合下列规定:

1 含草皮、生活垃圾、树根、腐殖质的土严禁作为路基填料。

2 泥炭、淤泥、冻土、强膨胀土、有机质土及易溶盐超过允许含量的土,不得直接用于填筑路基;确需使用时,必须采取技术措施进行处理,经检验满足设计要求后方可使用。

3 液限大于50%、塑性指数大于26、含水量不适宜直接压实的细粒土,不得直接作为路堤填料;需要使用时,必须采取技术措施进行处理,经检验满足设计要求后方可使用。

4 粉质土不宜直接填筑于路床,不得直接填筑于浸水部分的路堤及冰冻地区的路床。

5 填料强度和粒径,应符合表4.1.2的规定。

表4.1.2 路基填料最小强度和最大粒径要求

填料应用部位（路床顶面以下深度）(m)		填料最小强度(CBR)(%)			填料最大粒径(mm)
		高速公路、一级公路	二级公路	三、四级公路	
填方路基	上路床(0～0.30)	8	6	5	100
填方路基	下路床(0.30～0.80)	5	4	3	100
填方路基	上路堤(0.80～1.50)	4	3	3	150
填方路基	下路堤(>1.50)	3	2	2	150
零填及挖方路基	0～0.30	8	6	5	100
零填及挖方路基	0.30～0.80	5	4	3	100

注:1.表列强度按《公路土工试验规程》规定的浸水96h的CBR试验方法测定。

2.三、四级公路铺筑沥青混凝土和水泥混凝土路面时,应采用二级公路的规定。

3.表中上、下路堤填料最大粒径150mm的规定,不适用于填石路堤和土石路堤。

4.2 路堤施工

4.2.1 施工取土

1 路基填方取土,应根据设计要求,结合路基排水和当地土地规划、环境保护要求进行,不得任意挖取。

2 施工取土应不占或少占良田,尽量利用荒坡、荒地,取土深度应结合地下水等因素考虑,利于复耕。原地面耕植土应先集中存放,以利再用。

3 自行选定取土方案时,应符合下列技术要求:

1)地面横向坡度陡于1:10时,取土坑应设在路堤上侧。

2)桥头两侧不宜设置取土坑。

3)取土坑与路基之间的距离,应满足路基边坡稳定的要求。取土坑与路基坡脚之间的护坡道应平整密实,表面设1%~2%向外倾斜的横坡。

4)取土坑兼作排水沟时,其底面宜高出附近水域的常水位或与永久排水系统及桥涵出水口的标高相适应,纵坡不宜小于0.2%,平坦地段不宜小于0.1%。

5)线外取土坑等与排水沟、鱼塘、水库等蓄水(排洪)设施连接时,应采取防冲刷、防污染的措施。

4 对取土造成的裸露面,应采取整治或防护措施。

4.2.2 土质路堤

1 地基表层处理应符合下列规定:

1)二级及二级以上公路路堤基底的压实度应不小于90%;三、四级公路应不小于85%。路基填土高度小于路面和路床总厚度时,基底应按设计要求处理。

2)原地面坑、洞、穴等,应在清除沉积物后,用合格填料分层回填分层压实,压实度符合4.2.2条第1款第1)项的规定。

3)泉眼或露头地下水,应按设计要求,采取有效导排措施后方可填筑路堤。

4)地基为耕地、松散土、水稻田、湖塘、软土、高液限土等时,应按设计要求进行处理,局部软弹的部分也应采取有效的处理措施。

5)地下水位较高时,应按设计要求进行处理。

6)陡坡地段、土石混合地基、填挖界面、高填方地基等都应按设计要求进行处理。

2 路堤填筑应符合下列规定:

1)性质不同的填料,应水平分层、分段填筑,分层压实。同一水平层路基的全宽应采用同一种填料,不得混合填筑。每种填料的填筑层压实后的连续厚度不宜小于500mm。填筑路床顶最后一层时,压实后的厚度应不小于100mm。

2)潮湿或冻融敏感性小的填料应填筑在路基上层。强度较小的填料应填筑在下层。在有地下水的路段或临水路基范围内,宜填筑透水性好的填料。

3)在透水性不好的压实层上填筑透水性较好的填料前,应在其表面设2%~4%的双向横坡,并采取相应的防水措施。不得在由透水性较好的填料所填筑的路堤边坡上覆盖透水性不好的填料。

4)每种填料的松铺厚度应通过试验确定。

5)每一填筑层压实后的宽度不得小于设计宽度。

6)路堤填筑时,应从最低处起分层填筑,逐层压实;当原地面纵坡大于12%或横坡陡于1:5时，应按设计要求挖台阶，或设置坡度向内并大于4%、宽度大于2m的台阶。

7)填方分几个作业段施工时，接头部位如不能交替填筑，则先填路段，应按1:1坡度分层留台阶；如能交替填筑，则应分层相互交替搭接，搭接长度不小于2m。

3 选择施工机械，应考虑工程特点、土石种类及数量、地形、填挖高度、运距、气候条件、工期等因素，经济合理地确定。填方压实应配备专用碾压机具。

4 土质路基压实度应符合表4.2.2-1的规定。

表4.2.2-1 土质路基压实度标准

填挖类型		路床顶面以下深度（m）	压实度(%)		
			高速公路、一级公路	二级公路	三、四级公路
填方路基	上路床	0~0.30	≥96	≥95	≥94
	下路床	0.30~0.80	≥96	≥95	≥94
	上路堤	0.80~1.50	≥94	≥94	≥93
	下路堤	>1.50	≥93	≥92	≥90
零填及挖方路基		0~0.30	≥96	≥95	≥94
		0.30~0.80	≥96	≥95	—

注：1.表列压实度以《公路土工试验规程》重型击实试验法为准。

2.三、四级公路铺筑水泥混凝土路面或沥青混凝土路面时，其压实度应采用二级公路的规定值。

3.路堤采用特殊填料或处于特殊气候地区时，压实度标准根据试验路在保证路基强度要求的前提下可适当降低。

4.特别干旱地区的压实度标准可降低2%~3%。

5 压实度检测应符合以下规定：

1)用灌砂法、灌水(水袋)法检测压实度时，取土样的底面位置为每一压实层底部；用环刀法试验时，环刀中部处于压实层厚的1/2深度；用核子仪试验时，应根据其类型，按说明书要求办理。

2)施工过程中，每一压实层均应检验压实度，检测频率为每1 000m^2至少检验2点，不足1 000m^2时检验2点，必要时可根据需要增加检验点。

6 路堤填筑至设计标高并整修完成后，其施工质量应符合表4.2.2-2的规定。

表4.2.2-2 土质路堤施工质量标准

项次	检查项目	规定值或允许偏差			检查方法和频率
		高速公路、一级公路	二级公路	三、四级公路	
1	压实度	符合规定	符合规定	符合规定	施工记录
2	弯沉	不大于设计值	不大于设计值	不大于设计值	—
3	纵断高程(mm)	+10，-15	+10，-20	+10，-20	每200m测4个断面
4	中线偏位(mm)	50	100	100	每200m测4点，弯道加HY、YH两点
5	宽度	不小于设计值	不小于设计值	不小于设计值	每200m测4处
6	平整度(mm)	15	20	20	3m直尺：每200m测2处×10尺
7	横坡(%)	±0.3	±0.5	±0.5	每200m测4个断面
8	边坡坡度	不陡于设计坡度	不陡于设计坡度	不陡于设计坡度	每200m抽查4处

4.2.3 填石路堤

1 填料应符合以下规定：

1)膨胀岩石、易溶性岩石不宜直接用于路堤填筑，强风化石料、崩解性岩石和盐化岩石不得直接用于路堤填筑。

2)路堤填料粒径应不大于500mm，并不宜超过层厚的2/3，不均匀系数宜为15~20。路床底面以下400mm范围内，填料粒径应小于150mm。

3)路床填料粒径应小于100mm。

2 基底处理应符合以下规定：

1)除满足4.2.2条第1款的规定外，承载力应满足设计要求。

2)在非岩石地基上，填筑填石路堤前，应按设计要求设过渡层。

3 填筑应符合以下规定：

1)路堤施工前，应先修筑试验路段，确定满足表4.2.3-1中孔隙率标准的松铺厚度、压实机械型号及组合、压实速度及压实遍数、沉降差等参数。

2)路床施工前，应先修筑试验路段，确定能达到最大压实干密度的松铺厚度、压实机械型号及组合、压实速度及压实遍数、沉降差等参数。

3)二级及二级以上公路的填石路堤应分层填筑压实。二级以下砂石路面公路在陡峻山坡地段施工特别困难时，可采用倾填的方式将石料填筑于路堤下部，但在路床底面以下不小于1.0m范围内仍应分层填筑压实。

4)岩性相差较大的填料应分层或分段填筑。严禁将软质石料与硬质石料混合使用。

5)中硬、硬质石料填筑路堤时，应进行边坡码砌。码砌边坡的石料强度、尺寸及码砌厚度应符合设计要求。边坡码砌与路基填筑宜基本同步进行。

6)压实机械宜选用自重不小于18t的振动压路机。

7)在填石路堤顶面与细粒土填土层之间应按设计要求设过渡层。

4 填石路堤施工质量应符合以下规定：

1)上、下路堤的压实质量标准见表4.2.3-1。

表4.2.3-1 填石路堤上、下路堤压实质量标准

分区	路床顶面以下深度(m)	硬质石料孔隙率(%)	中硬石料孔隙率(%)	软质石料孔隙率(%)
上路堤	0.8~1.50	≤23	≤22	≤20
下路堤	>1.50	≤25	≤24	≤22

2)填石路堤施工过程中的每一压实层，可用试验路段确定的工艺流程和工艺参数，控制压实过程；用试验路段确定的沉降差指标检测压实质量。

3)填石路堤填筑至设计标高并整修完成后，其施工质量应符合表4.2.3-2的规定。

表 4.2.3-2 填石路堤施工质量标准

项次	检查项目		规定值或允许偏差		检查方法和频率
			高速公路、一级公路	其他等级公路	
1	压实度		符合试验路确定的施工工艺		施工记录
			沉降差≤试验路确定的沉降差		水准仪：每 40m 检测 1 个断面，每个断面检测 5～9 点
2	纵面高程(mm)		+10，-20	+10，-30	水准仪：每 200m 测 4 个断面
3	弯沉		不大于设计值		—
4	中线偏位(mm)		50	100	经纬仪：每 200m 测 4 点，弯道加 HY、YH 两点
5	宽度		不小于设计值		米尺：每 200m 测 4 处
6	平整度(mm)		20	30	3m 直尺：每 200m 测 4 点×10 尺
7	横坡(%)		±0.3	±0.5	水准仪：每 200m 测 4 个断面
8	边坡	坡度	不陡于设计值		每 200m 抽查 4 处
		平顺度	符合设计要求		

4)填石路堤成型后的外观质量标准：路堤表面无明显孔洞；大粒径石料不松动，铁锹挖动困难；边坡码砌紧贴、密实，无明显孔洞、松动，砌块间承接面向内倾斜，坡面平顺。

4.2.4 土石路堤

1 填料应符合以下规定：

1)膨胀岩石、易溶性岩石等不宜直接用于路堤填筑，崩解性岩石和盐化岩石等不得直接用于路堤填筑。

2)天然土石混合填料中，中硬、硬质石料的最大粒径不得大于压实层厚的 2/3；石料为强风化石料或软质石料时，其 CBR 值应符合表 4.1.2 的规定，石料最大粒径不得大于压实层厚。

2 基底处理应满足 4.2.2 条第 1 款的规定。在陡、斜坡地段，土石路堤靠山一侧应按设计要求做好排水和防渗处理。

3 填筑应符合以下规定：

1)压实机械宜选用自重不小于 18t 的振动压路机。

2)施工前，应根据土石混合材料的类别分别进行试验路段施工，确定能达到最大压实干密度的松铺厚度、压实机械型号及组合、压实速度及压实遍数、沉降差等参数。

3)土石路堤不得倾填，应分层填筑压实。

4)碾压前应使大粒径石料均匀分散在填料中，石料间孔隙应填充小粒径石料、土和石渣。

5)压实后透水性差异大的土石混合材料，应分层或分段填筑，不宜纵向分幅填筑；如确需纵向分幅填筑，应将压实后渗水良好的土石混合材料填筑于路堤两侧。

6)土石混合材料来自不同料场，其岩性或土石比例相差较大时，宜分层或分段填筑。

7)填料由土石混合材料变化为其他填料时，土石混合材料最后一层的压实厚度应小于 300mm,该层填料最大粒径宜小于 150mm,压实后,该层表面应无孔洞。

8)中硬、硬质石料的土石路堤,应进行边坡码砌。码砌边坡的石料强度、尺寸及码砌厚度应符合设计要求。边坡码砌与路堤填筑宜基本同步进行。软质石料土石路堤的边坡按土质路堤边坡处理。

4　中硬、硬质石料土石路堤质量应符合以下规定:

1)施工过程中的每一压实层,可用试验路段确定的工艺流程和工艺参数,控制压实过程;用试验路段确定的沉降差指标,检测压实质量。

2)路基成型后质量应符合表 4.2.3-2 的规定。

5　软质石料填筑的土石路堤,应符合 4.2.2 条的规定。

6　土石路堤的外观质量标准:路基表面无明显孔洞;大粒径填石无松动,铁锹挖动困难;中硬、硬质石料土石路基边坡码砌紧贴、密实,无明显孔洞、松动,砌块间承接面应向内倾斜,坡面平顺。

4.2.5　高填方路堤

1　高填方路堤填料宜优先采用强度高、水稳性好的材料,或采用轻质材料。受水淹、浸的部分,应采用水稳性和透水性均好的材料。

2　基底处理应符合下列规定:

1)基底承载力应满足设计要求。特殊地段或承载力不足的地基应按设计要求进行处理。

2)覆盖层较浅的岩石地基,宜清除覆盖层。

3　高填方路堤填筑应符合下列规定:

1)施工中应按设计要求预留路堤高度与宽度,并进行动态监控。

2)施工过程中宜进行沉降观测,按照设计要求控制填筑速率。

3)高填方路堤宜优先安排施工。

4.2.6　桥、涵及结构物的回填

1　填料宜采用透水性材料、轻质材料、无机结合料等,非透水性材料不得直接用于回填。

2　基坑回填必须在隐蔽工程验收合格后方可进行。基坑回填应分层填筑、分层压实,分层厚度宜为 100~200mm。二级及二级以上公路,采用小型夯实机具时,基坑回填的分层压(夯)实厚度不宜大于 150mm,并应压(夯)实到设计要求的压实度。

3　台背及与路堤间的回填施工应符合以下规定:

1)二级及二级以上公路应按设计做好过渡段,过渡段路堤压实度应不小于 96%,并应按设计做好纵向和横向防排水系统。

2)二级以下公路的路堤与回填的联结部,应按设计要求预留台阶。

3)台背回填部分的路床宜与路堤路床同步填筑。

4)桥台背和锥坡的回填施工宜同步进行,一次填足并保证压实整修后能达到设计宽

度要求。

4　涵洞回填施工应符合以下规定：

1)洞身两侧，应对称分层回填压实，填料粒径宜小于50mm。

2)两侧及顶面填土时，应采取措施防止压实过程对涵洞产生不利后果。

4.2.7　半填半挖路基、路堤与路堑过渡段

1　基底处理应符合下列规定：

1)应从填方坡脚起向上设置向内侧倾斜的台阶，台阶宽度不小于2m，在挖方一侧，台阶应与每个行车道宽度一致、位置重合。

2)石质山坡，应清除原地面松散风化层，按设计开凿台阶。

3)孤石、石笋应清除。

4)纵向填挖结合段，应合理设置台阶。

5)有地下水或地面水汇流的路段，应采用合理措施导排水流。

2　施工应符合下列规定：

1)路基应从最低标高处的台阶开始分层填筑，分层压实。

2)填筑时，应严格处理横向、纵向、原地面等结合界面，确保路基的整体性。

3)路基填筑过程中，应及时清理设计边坡外的松土、弃土。

4)高度小于800mm的路堤、零填及挖方路床的加固换填宜选用水稳性较好的材料。

4.3　挖方路基施工

4.3.1　土方工程

1　开挖施工应符合下列规定：

1)可作为路基填料的土方，应分类开挖分类使用。非适用材料应按设计要求或作为弃方按4.3.4条的规定处理。

2)土方开挖应自上而下进行，不得乱挖超挖，严禁掏底开挖。

3)开挖过程中，应采取措施保证边坡稳定。开挖至边坡线前，应预留一定宽度，预留的宽度应保证刷坡过程中设计边坡线外的土层不受到扰动。

4)路基开挖中，基于实际情况，如需修改设计边坡坡度、截水沟和边沟的位置及尺寸等时，应及时按规定报批。边坡上稳定的孤石应保留。

5)开挖至零填、路堑路床部分后，应尽快进行路床施工；如不能及时进行，宜在设计路床顶标高以上预留至少300mm厚的保护层。

6)应采取临时排水措施，确保施工作业面不积水。

7)挖方路基路床顶面终止标高，应考虑因压实而产生的下沉量，其值通过试验确定。

2　边沟与截水沟应从下游向上游开挖。截水沟通过地面坑凹处时，应将凹处填平夯实。边沟及截水沟开挖后，应及时进行防渗处理，不得渗漏、积水和冲刷边坡及路基。

3　挖方路基施工遇到地下水时应按下列规定处理：

1)应采取排导措施,将水引入路基排水系统,不得随意堵塞泉眼。

2)路床土含水量高或为含水层时,应采取设置渗沟、换填、改良土质、土工织物等处理措施,路床填料除应符合表4.1.2的规定外,还应具有良好的透水性能。

4 土质路基开挖应根据地面坡度、开挖断面、纵向长度及出土方向等因素,结合土方调配,选用安全、经济的开挖方案。

4.3.2 石方工程

1 石方开挖应根据岩石的类别、风化程度、岩层产状、岩体断裂构造、施工环境等因素确定开挖方案。

2 深挖路基施工,应逐级开挖,逐级按设计要求进行防护。

3 爆破作业必须符合《爆破安全规程》(GB 6722)的规定。爆破施工组织设计应按相关规定报批。

4 石方开挖严禁采用峒室爆破,近边坡部分宜采用光面爆破或预裂爆破。

5 爆破法开挖石方,应先查明空中缆线、地下管线的位置,开挖边界线外可能受爆破影响的建筑物结构类型、居民居住情况等,然后制订详细的爆破技术安全方案。

6 爆破开挖石方,宜按以下程序进行:爆破影响调查与评估→爆破施工组织设计→培训考核、技术交底→主管部门批准→清理爆破区施工现场的危石等→炮眼钻孔作业→爆破器材检查测试→炮孔检查合格→装炸药及安装引爆器材→布设安全警戒岗→堵塞炮孔→撤离施爆警戒区和飞石、震动影响区的人、畜等→爆破作业信号发布及作业→清除盲炮→解除警戒→测定、检查爆破效果(包括飞石、地震波及对施爆区内构造物的损伤、损失等)。

7 边坡整修及检验

1)挖方边坡应从开挖面往下分段整修,每下挖2~3m,宜对新开挖边坡刷坡,同时清除危石及松动石块。

2)石质边坡不宜超挖。

3)石质边坡质量要求:边坡上无松石、危石。

8 路床清理及验收

1)欠挖部分必须凿除。超挖部分应采用无机结合料稳定碎石或级配碎石填平碾压密实,严禁用细粒土找平。

2)石质路床底面有地下水时,可设置渗沟进行排导,渗沟宽度不宜小于100mm,横坡不宜小于0.6%。渗沟应用坚硬碎石回填。

3)石质路床的边沟应与路床同步施工。

4.3.3 深挖路基

1 施工前应理解设计的边坡防护方案,并编制详细的施工方案,获批准后实施。

2 施工过程中,应根据开挖情况随时进行地质核查,并对边坡稳定性进行监测。如实际情况与设计不符,应会同设计单位等进行处理。

3 应根据地形特征设置边坡控制点。

4.3.4 弃方

1 施工前,应对设计提供的弃土方案进行现场核对,若有疑问,应及时处理。

2 弃土不得占用耕地。

3 沿河弃土不得影响排洪、通航,不得加剧河岸冲刷。不得向水库、湖泊、岩溶漏斗及暗河口处弃土。禁止在贴近桥墩台、涵洞口处弃土。

4 沿线弃土堆设置应符合设计要求;设计无要求时应符合下列规定:

1)弃土应相对集中堆放,并与周边环境相协调,严禁随意处理。

2)弃土堆的几何尺寸、压实程度、位置,应保证路基边坡和弃土堆自身的稳定。弃土堆的边坡不陡于1:1.5,顶面向外设不小于2%的横坡,其内侧高度不宜大于3m。

3)在地面横坡陡于1:5的路段,不得在高于路堑边坡顶的山坡上方设弃土堆。

4)在山坡上侧的弃土堆,应连续而不间断,并在弃土堆上侧设置截水沟。山坡下侧的弃土堆,应每隔50~100m设宽度不小于1m的缺口排水,排水主流方向不得对地面结构物及农田等造成不利影响,必要时可设人工沟渠导引排水。弃土堆坡脚应进行防护和加固。

5 弃土应按设计要求进行压实。

6 应按设计要求及时完成弃土场的防护、排水工程。

4.4 轻质填料路堤施工

4.4.1 粉煤灰路堤

1 用于高速公路、一级公路路堤的粉煤灰,烧失量宜小于20%;烧失量超过标准的粉煤灰应做对比试验,分析论证后采用。

2 粉煤灰的粒径,宜在0.001~1.18mm之间,小于0.075mm的颗粒含量宜大于45%。粉煤灰中不得含团块、腐殖质及其他杂质。

3 包边土和顶面封层的填料,宜采用塑性指数不小于12的黏性土。隔离层和土质护坡中的盲沟所用砂砾料、矿渣料等,最大粒径应小于75mm,4.75mm以下细料含量小于50%,含泥量小于5%。

4 施工前应铺筑试验路段。

5 储运粉煤灰应符合下列规定:

1)调节粉煤灰含水量宜在储灰场或灰池中进行。

2)粉煤灰运输、装卸、堆放,应采取有效措施防止扬尘、流失与污染环境。

3)储灰场地,应排水通畅,地面应硬化。大的储灰场宜设置雨水沉淀池。堆场应安装洒水设备,防止干灰飞扬。

6 粉煤灰路堤填筑应符合下列规定:

1)温度在0℃以上方可施工,并避开大风季节。

2)颗粒组成、最大干密度和最佳含水量有显著差别的灰源应分别堆放,分段填筑。

3)按设计要求铺筑隔离层,隔离层界面的路拱横坡应与路堤同坡。

4)粉煤灰路堤应采用水平分层填筑施工。当分成不同作业段填筑时,先填地段应分层预留台阶,每个压实层应相互重叠搭接,搭接长度宜大于1.5m,相邻作业段接头范围内的压实度应达到规定要求。

5)土质包边土施工,应与粉煤灰填筑同步进行。土质护坡铺筑宽度应保证削坡后的净宽满足设计要求,同时应按设计要求做好土质护坡的排水盲沟,底层盲沟标高应避免地表水倒灌。

6)施工过程中,应及时洒水,防止干灰飞扬。

7)粉煤灰摊铺后,必须及时碾压,做到当天摊铺,当天碾压完毕。

8)粉煤灰路堤的压实,应遵循先轻后重、先低后高的原则。

9)铺筑上层时,宜采取洒水润湿,控制卸料车行驶路线、速度、掉头、紧急制动等措施,防止压实层松散。

10)若暂时不能及时铺筑上层粉煤灰,除特殊情况外,禁止车辆通行,并洒水润湿,防止表面干燥松散。施工间隔较长时,应在路堤顶面覆盖适当厚度的封闭土层,并压实,横坡宜稍大于路拱。

11)当铺筑至粉煤灰路堤顶层时,宜及时按设计要求做封闭层。

12)应按设计要求做好粉煤灰与混凝土结构、金属结构物等接触界面的防护。

7　粉煤灰路堤压实度应符合表4.4.1的规定。

表4.4.1　粉煤灰路堤压实度标准

填料应用部位 (路床顶面以下深度)(m)		压　实　度(%) 二级及二级以上公路	压　实　度(%) 其他等级公路
上路床	0~0.30	≥95	≥93
下路床	0.30~0.80	≥93	≥90
上路堤	0.80~1.50	≥92	≥87
下路堤	>1.50	≥90	≥87

注:1.表列压实度以部颁《公路土工试验规程》重型击实试验法为准。
2.特别干旱或潮湿地区的压实度标准可降低1%~2%。
3.包边土和顶面封层压实度应符合表4.2.2-1的规定。

4.4.2　EPS路堤

1　EPS块体在工地堆放时,应采取防火、防风、防雨水滞留、防有机溶剂及石油类油剂的侵蚀等保护措施,采取措施避免强阳光直接照射。

2　垫层应厚度均匀、密实,垫层宽度宜超过路基边缘0.5~1m。

3　EPS块体铺筑应符合下列规定:

1)非标准尺寸EPS块体宜在生产车间加工。现场加工时,宜用电热丝进行切割。

2)施工基面必须保持干燥。EPS块体应逐层错缝铺设。允许偏差范围之内的缝隙或高差,可用砂或无收缩水泥砂浆找平。

3)严禁重型机械直接在 EPS 块体上行驶。

4)与其他填料路堤或旧路基的接头处,EPS 块体应呈台阶状铺设。

5)最底层块体与垫层之间、同一层块体侧面联结、不同层的块体之间的联结应牢固,联结件应进行防锈处理。

6)EPS 块体顶面的钢筋混凝土薄板、土工膜或土工织物等,应覆盖全部 EPS 块体,并向土质护坡延伸 0.5 ~ 1.0m。

7)EPS 路堤两边的土质护坡,坡面法向厚度应不小于 0.25m,分层碾压夯实,防渗土工膜宜分级回包。

4　EPS 路堤质量应符合表 4.4.2 的规定。

表 4.4.2　EPS 路堤质量标准

项次	检 查 项 目		规定值或允许偏差	检查方法和频率
1	EPS 块体尺寸	长度	1/100	卷尺丈量,抽样频率：< 2 000m³ 抽检 2 块, 2 000 ~ 5 000m³ 抽检 3 块, 5 000 ~ 10 000m³ 抽检 4 块, ≥10 000m³每2 000 m³抽检 1 块
		宽度	1/100	
		厚度	1/100	
2	EPS 块体密度		≥设计值	天平,抽样频率同项次 1
3	基底压实度		≥设计值	环刀法或灌砂法,每 1 000m² 检测 2 点
4	垫层平整度(mm)		10	3m 直尺,每 20m 检查 3 点
5	EPS 块体之间平整度(mm)		20	3m 直尺,每 20m 检查 3 点
6	EPS 块体之间缝隙、错台(mm)		10	卷尺丈量,每 20m 检查 1 点
7	EPS 块体路堤顶面横坡(%)		±0.5	水准仪,每 20m 检查 6 点
8	护坡宽度		≥设计值	卷尺丈量,每 40m 检查 1 点
9	钢筋混凝土板厚度(mm)		+10,-5	卷尺丈量,量板边,每块 2 点
10	钢筋混凝土板宽度(mm)		20	卷尺丈量,每 100m 检查 2 点
11	钢筋混凝土板强度		符合设计要求	抗压试验,每工作台班留 2 组试件
12	钢筋网间距(mm)		±10	卷尺丈量

注:路线曲线部分的 EPS 块体缝隙不得大于 50mm。

4.5　路基拓宽改建施工

4.5.1　路堤拓宽施工

1　应按设计拆除老路路缘石、旧路肩、边坡防护、边沟及原有构造物的翼墙或护墙等。

2　施工前应截断流向拓宽作业区的水源,开挖临时排水沟,保证施工期间排水通畅。

3 拓宽部分路堤的地基处理应按设计和本规范有关条款处理。

4 老路堤与新路堤交界的坡面,挖除清理的法向厚度不宜小于0.3m,然后从老路堤坡脚向上按设计要求挖设台阶;老路堤高度小于2m时,老路堤坡面处理后,可直接填筑新路堤。严禁将边坡清挖物作为新路堤填料。

5 拓宽部分的路堤采用非透水性填料时,应在地基表面按设计铺设垫层,垫层材料一般为砂砾或碎石,含泥量不大于5%。

6 拓宽路堤的填料宜选用与老路堤相同的填料,或者选用水稳性较好的砂砾、碎石等填料。

4.5.2 拓宽施工中的挖方路基按4.3节相关规定执行。

4.5.3 拓宽施工中的半填半挖路基按4.2.7条的相关规定执行。

4.5.4 边通车边拓宽时,应有交通管制和安全防护措施。

4.5.5 拓宽施工不得污染环境,不得破坏或污染原有水系。

5 路基排水

5.1 一般规定

5.1.1 施工前，应校核全线排水设计是否完善、合理，必要时应提出补充和修改意见，使全线的沟渠、管道、桥涵组合成完整的排水系统。临时排水设施应尽量与永久排水设施相结合，排水方案应因地制宜、经济实用。

5.1.2 施工前，宜先完成临时排水设施。施工期间，应经常维护临时排水设施，保证水流畅通。

5.1.3 路堤施工中，各施工作业层面应设2%～4%的排水横坡，层面上不得有积水，并采取措施防止水流冲刷边坡。

5.1.4 路堑施工中，应及时将地表水排走。

5.1.5 施工中应对地下水情况进行记录并及时反馈。

5.2 地表排水

5.2.1 边沟

1 边沟沟底纵坡应衔接平顺。

2 土质地段的边沟纵坡大于3%时应采取加固措施。

5.2.2 截水沟

1 截水沟应先施工，与其他排水设施应衔接平顺。

2 截水沟应按设计要求进行防渗及加固处理。地质不良地段、土质松软路段、透水性大或岩石裂隙较多地段，截水沟沟底、沟壁、出水口都应进行加固处理，防止水流渗漏和冲刷。

5.2.3 排水沟

1 排水沟线形应平顺，转弯处宜为弧线形。

2 排水沟的出水口,应设置跌水和急流槽将水流引出路基或引入排水系统。

5.2.4 急流槽

1 片石砌缝应不大于 40mm,砂浆饱满,槽底表面粗糙。

2 急流槽分节长度宜为 5~10m,接头处应用防水材料填缝。混凝土预制块急流槽,分节长度宜为 2.5~5.0m,接头采用榫接。

5.2.5 无消力池的跌水

其台阶高度应小于 600mm,每阶高度与长度之比应与原地面坡度相协调。

5.2.6 蒸发池

1 蒸发池与路基之间的距离应满足路基稳定要求。湿陷性黄土地区,蒸发池与路基排水沟外缘的距离应大于湿陷半径。

2 不得因设置蒸发池而使附近地基泥沼化或对周围生态环境产生不利影响。

3 蒸发池池底宜设 0.5% 的横坡,入口处应与排水沟平顺衔接。

4 蒸发池四周应进行围护。

5.2.7 油水分离池

1 污水进入油水分离池前应先通过格栅和沉砂池处理。

2 不得由于设置油水分离池而污染当地生态环境。

3 池底、池壁和隔板应采用砌浆片石或现浇混凝土进行加固。

5.3 地下排水

5.3.1 暗沟(管)

1 沟底必须埋入不透水层内,沟壁最低一排渗水孔应高出沟底至少 200mm。

2 暗沟设在路基旁侧时,宜沿路线方向布置;设在低洼地带或天然沟谷处时,宜顺山坡的沟谷走向布置。沟底纵坡应大于 0.5%,出水口处应加大纵坡,并高出地表排水沟常水位 200mm 以上。

3 寒冷地区的暗沟应按照设计要求做好防冻保温处理,出水口处也应进行防冻保温处理,坡度宜大于 5%。

4 暗沟采用混凝土或浆砌片石砌筑时,在沟壁与含水层接触面以上高度,应设置一排或多排向沟中倾斜的渗水孔,沟壁外侧应填筑粗粒透水性材料或土工合成材料形成反滤层。沿沟槽底每隔 10~15m 或在软硬岩层分界处应设置沉降缝和伸缩缝。

5 暗沟顶面必须设置混凝土盖板或石料盖板,板顶上填土厚度应大于 500mm。

5.3.2 渗沟

1　各类渗沟均应设置排水层、反滤层和封闭层。

2　填石渗沟

1)石料应洁净、坚硬、不易风化。砂宜采用中砂,含泥量应小于2%,严禁用粉砂、细砂。

2)渗水材料的顶面(指封闭层以下)不得低于原地下水位。当用于排除层间水时,渗沟底部应埋置于最下面的不透水层。在冰冻地区,渗沟埋置深度不得小于当地最小冻结深度。

3)填石渗沟纵坡不宜小于1%。出水口底面标高应高出渗沟外最高水位200mm。

3　管式渗沟

1)管式渗沟长度大于100m时,应在其末端设置疏通井,并设横向泄水管,分段排除地下水。

2)泄水孔应在管壁上交错布置,间距不宜大于200mm。渗沟顶标高应高于地下水位。管节宜用承插式柔性接头连接。

4　洞式渗沟

1)洞式渗沟填料顶面宜高于地下水位。

2)洞式渗沟顶部必须设置封闭层,厚度应大于500mm。

5　边坡渗沟

1)边坡渗沟的基底应设置在潮湿土层以下的干燥地层内,阶梯式泄水坡坡度宜为2%~4%,基底应铺砌防渗层。

2)沟壁应设反滤层,其余部分用透水性材料填充。

6　支撑渗沟

1)支撑渗沟的基底宜埋入滑动面以下至少500mm,排水坡度宜为2%~4%。当滑动面较缓时,可做成台阶式支撑渗沟,台阶宽度宜大于2m。

2)渗沟侧壁及顶面宜设反滤层。寒冷地区,渗沟出口应进行防冻处理。

3)渗沟的出水口宜设置端墙。端墙内的出水口底标高,应高于地表排水沟常水位200mm以上,寒冷地区宜大于500mm。承接渗沟排水的排水沟应进行加固。

7　反滤层

1)在渗沟的迎水面设置粒料反滤层时,粒料反滤层应用颗粒大小均匀的碎、砾石,分层填筑。

2)土工布反滤层采用缝合法施工时,土工布的搭接宽度应大于100mm。铺设时应紧贴保护层,但不宜拉得过紧。土工布破损后应及时修补,修补面积应大于破坏面积的4~5倍。

3)坑壁土质为黏性土或粉细砂土,采用无砂混凝土板作反滤层时,在无砂混凝土板的外侧,应加设100~150mm厚的中粗砂或渗水土工织物反滤层。

8　渗沟基底应埋入不透水层,沟壁的一侧应设反滤层汇集水流,另一侧用黏土夯实或浆砌片石拦截水流。如渗沟沟底不能埋入不透水层时,两侧沟壁均应设置反滤层。

9　渗沟顶部应设置封闭层,封闭层宜采用浆砌片石或干砌片石水泥砂浆勾缝,寒冷地区应设保温层,并加大出水口附近纵坡。保温层可采用炉渣、砂砾、碎石或草皮等。

10 渗沟宜从下游向上游开挖,开挖作业面应根据土质选用合理的支撑形式,并应随挖随支撑、及时回填,不可暴露太久。支撑渗沟应分段间隔开挖。

5.3.3 渗井

1 填充料含泥量应小于5%,按单一粒径分层填筑,不得将粗细材料混杂填塞。下层透水层范围内宜填碎石或卵石,上层不透水范围内宜填砂或砾石。井壁与填充料之间应设反滤层。

2 渗井顶部四周用黏土填筑围护,井顶应加盖封闭。

3 渗井开挖应根据土质选用合理的支撑形式,并应随挖随支撑、及时回填。

5.3.4 隔离工程土工合成材料施工应符合以下规定:

1 采用搭接铺设,搭接长度宜为1 000mm。

2 土工织物上填料为碎石、砂砾或矿渣时,其最大粒径宜小于26.5mm,通过19mm筛孔的材料不得大于10%,通过0.075mm筛孔的材料塑性指数不得大于6。

3 排水隔离层顶面应高出地下水位300mm以上。

5.3.5 仰斜式排水孔施工应符合下列规定:

1 钻孔成孔直径宜为75～150mm,仰角不小于6°。孔深应延伸至富水区。

2 排水管直径宜为50～100mm,渗水孔宜梅花形排列,渗水段裹1～2层无纺土工布,防止渗水孔堵塞。

5.3.6 承压水的排除

1 一般地区,埋深较浅的承压水宜采用在承压水出口处抛填片石或混凝土预制块等措施,使承压水消能为无压水流后再采用排水沟、渗沟等方式排走,也可用隔离层把承压水引入排水沟。

2 一般地区,层间重力水可根据不同的含水情况和压力情况,采用渗沟、排水沟、渗井和暗沟(管)等措施排除。

3 寒冷地区,埋藏于冻土层以下的承压水宜采用渗沟、排水沟、渗井和暗沟(管)等方法排除;但如果因地形条件所限,排水设施不能埋设于当地冰冻深度以下时,上层填土宜采取保温措施,与排水设施出口处相连接的沟槽应做成保温沟。保温沟的保温覆盖层,其布设范围应在排水设施出口处向外延伸2～5m,并应加大出水口处排水沟纵坡。

4 在寒冷地区,山坡较平缓,含水量和覆盖层又较浅,且涌水量、动水压力不大的情况下,可在覆盖层中挖冻结沟。

5.4 路基排水工程质量标准

5.4.1 排水设施外观质量应符合下列规定:

1 纵坡顺直,曲线线形圆滑。

2 沟壁平整、稳定,无贴坡。沟底平整,排水畅通,无冲刷和阻水现象。

3 各类防渗、加固设施坚实稳固。

4 浆砌片石工程,嵌缝均匀、饱满、密实,勾缝平顺无脱落、密实、美观,缝宽均衡协调;砌体咬扣紧密;抹面平整、压光、顺直,无裂缝、空鼓。

5 干砌片石工程,砌筑咬合紧密,无叠砌、贴砌和浮塞。

6 水泥混凝土砌块的强度符合设计要求,砌体平整,勾缝整齐牢固。

5.4.2 土质边沟、截水沟、排水沟施工质量,应符合表5.4.2的规定。

表5.4.2 土质边沟、截水沟、排水沟施工质量标准

项次	检查项目	规定值或允许偏差	检查方法和频率
1	沟底纵坡	符合设计要求	水准仪:每200m测8点
2	沟底高程(mm)	+0,-30	水准仪:每200m测8处
3	断面尺寸	不小于设计要求	尺量:每200m测8处
4	边坡坡度	不陡于设计要求	每50m测2处
5	边棱顺直度(mm)	50	尺量:20m拉线,每200m测4处

5.4.3 浆砌排水沟、截水沟、边沟施工质量,应符合表5.4.3的规定。

表5.4.3 浆砌排水沟、截水沟、边沟施工质量标准

项次	检查项目	规定值或允许偏差	检查方法和频率
1	砂浆强度	符合设计要求	同一配合比,每台班2组
2	轴线偏位(mm)	50	经纬仪:每200m测8处
3	墙面直顺度(mm) 或坡度	30 符合设计要求	20m拉线 坡度尺:每200m测4处
4	断面尺寸(mm)	±30	尺量:每200m测4处
5	铺砌厚度	不小于设计值	尺量:每200m测4处
6	基础垫层宽、厚度	不小于设计值	尺量:每200m测4处
7	沟底高程(mm)	±15	水准仪:每200m测8点

注:跌水、急流槽等的质量标准可参照本表。

5.4.4 混凝土排水管施工质量,应符合表5.4.4的规定。

表5.4.4 混凝土排水管施工质量标准

项次	检查项目	规定值或允许偏差	检查方法和频率
1	混凝土强度	符合设计要求	同一配合比,每台班2组
2	管轴线偏位(mm)	15	经纬仪或拉线:每两井间测5处
3	管内底高程(mm)	±10	水准仪:每两井间测4处

续上表

项次	检查项目		规定值或允许偏差	检查方法和频率
4	基础厚度		不小于设计值	尺量:每两井间测5处
5	管座	肩宽(mm)	+10,-5	尺量、挂边线:每两井间测4处
		肩高(mm)	±10	
6	抹带	宽度	不小于设计	尺量:按20% 抽查
		厚度	不小于设计	
7	进出口、管节接缝处理		有防水处理	每处检查

5.4.5 排水渗沟施工质量,应符合表5.4.5的规定

表5.4.5 排水渗沟施工质量标准

项次	检查项目	规定值或允许偏差	检查方法和频率
1	沟底高程(mm)	±15	水准仪:每20m测4处
2	断面尺寸	不小于设计	尺量:每20m测2处

5.4.6 隔离工程土工合成材料施工质量,应符合表5.4.6的规定。

表5.4.6 隔离工程土工合成材料施工质量标准

项次	检查项目	规定值或允许偏差	检查方法和频率
1	下承层平整度、拱度	符合设计要求	每200m检查8处
2	搭接宽度(mm)	+50,-0	抽查5%
3	搭接缝错开距离	符合设计要求	抽查5%
4	搭接处透水点	不多于1个	每缝

5.4.7 过滤排水工程土工合成材料施工质量,应符合表5.4.7的规定。

表5.4.7 过滤排水工程土工合成材料施工质量标准

项次	检查项目	规定值或允许偏差	检查方法和频率
1	下承层平整度、拱度	符合设计要求	每200m检查8处
2	搭接宽度(mm)	+50,-0	抽查5%
3	搭接缝错开距离	符合设计要求	抽查5%

5.4.8 检查井、雨水井

1 井基混凝土强度达到5MPa后方可砌筑井体。蹬步梯安装牢固。井框、井盖平稳。进口周围无积水。

2 检查井、雨水井施工质量,应符合表5.4.8的规定。

表 5.4.8　检查井、雨水井施工质量标准

项次	检查项目	规定值或允许偏差		检查方法和频率
1	砂浆强度	符合设计要求		同一配比,每台班 2 组
2	轴线偏位(mm)	50		经纬仪:每个检查井检查
3	圆井直径或方井长、宽(mm)	±20		尺量:每个检查井检查
4	井底高程(mm)	±15		水准仪:每个检查井检查
5	井盖与相邻路面高差(mm)	检查井	+4,-0	水准仪:每个检查井检查
		雨水井	+0,-4	

5.4.9　排水泵站平面位置、地基承载力应符合设计要求。井底不漏水。施工质量应符合表 5.4.9 的规定。

表 5.4.9　排水泵站施工质量标准

项次	检查项目	规定值或允许偏差	检查方法和频率
1	混凝土强度	符合设计要求	同一配比,每工作台班 2 组
2	轴线平面偏位	1%井深	经纬仪:纵、横向各 3 处
3	垂直度	1%井深	吊垂线:纵、横向各 2 处
4	底板高程(mm)	±50	水准仪:检查 6 处

6 特殊路基施工

6.1 一般规定

6.1.1 特殊路基施工,应进行必要的基础试验,编制专项施工组织设计,批准后实施。

6.1.2 施工中如实际地质情况与设计不符或设计处治方案因故不能实施,应按有关规定办理。

6.1.3 采用新技术、新工艺、新设备、新材料时,必须制定相应的工艺、质量标准。

6.1.4 用湿黏土、红黏土和中、弱膨胀土作为填料直接填筑时,应符合下列规定:

1 填料液限在40%~70%之间且CBR值满足表4.1.2的规定。

2 碾压时填料稠度应控制在1.1~1.3之间。

3 压实度标准可比表4.2.2-1的规定值降低1%~5%,具体降低数值应根据当地土质等情况通过试验确定。

4 不得作为四级及四级以上公路路床、零填及挖方路基0~0.80m范围内的填料。

6.1.5 特殊地区路基施工除符合本章规定外,还应遵守第4章的规定。

6.2 湿黏土路基施工

6.2.1 用不符合6.1.4条规定的湿黏土填筑路基时,应进行处理,处理后应符合表4.1.2的规定,压实质量应符合表4.2.2-1的规定。

6.2.2 基底为软土时,应按设计要求进行处治。

6.2.3 不同类的填料,不得填筑在同一压实层上。

6.2.4 路堤填筑时,每层宜设2%~3%的横坡。当天的填土,宜当天完成压实。

6.2.5 填筑层压实后,应采取措施防止路基工作面暴晒失水。

6.2.6 水稻田地段路基施工应符合下列规定:

1 水稻田地段路基施工,不得影响农田排灌。

2 施工前应采取措施排除公路用地范围内的地表水。疏干地表水确有困难时,应按设计要求进行处治。

3 二级及二级以上公路路堑段,应在边坡顶适当距离外,筑埂并挖截水沟;土质、风化岩石边坡,应浆砌护墙或护坡;路堑路段宜加大边沟尺寸并采用浆砌。

6.2.7 河、塘、湖地段路堤施工应符合以下规定:

1 受水浸润作用的路堤部分,宜用水稳性好、塑性指数不大于6、压缩性小、不易风化的透水性填料填筑。

2 在洪水淹没地段的路堤,两侧不得取土;三、四级公路,特殊情况下可在下游侧距路堤安全距离外取土。

3 两侧水位差较大的河滩路堤,根据具体情况,宜放缓下游一侧边坡、设滤水趾和反滤层、在基底设隔渗墙或隔渗层。

4 防洪工程应在洪水期前完成,施工期间应注意防洪。

6.2.8 多雨潮湿地区路基施工应符合下列规定:

1 多雨潮湿地区施工,应注意排水。机具停放地、库房、生活区域应选在地势较高不易被水淹的地点,并有完善的排水防洪设施。

2 多雨潮湿地区,应按设计要求对基底过湿土层进行处理。

6.3 软土地区路基施工

6.3.1 软土地基处治前,应复核处治方案的可行性,编制实施性施工组织设计。

6.3.2 软土地基处治材料的选用及处治方案,宜因地制宜、就地取材。

6.3.3 浅层处治

1 换填施工应符合下列规定:

1)换填料应选用水稳性或透水性好的材料。

2)回填应分层填筑、压实。

2 抛石挤淤施工应符合下列规定:

1)应选用不易风化的片石,片石厚度或直径不宜小于300mm。

2)软土地层平坦、软土成流动状时,填筑应沿路基中线向前成三角形方式投放片石,再渐次向两侧全宽范围扩展。当软土地层横坡陡于1:10时,应自高侧向低侧填筑,并在低侧坡脚外一定宽度内同时抛填形成片石平台。

3)片石抛填出软土面后,应用较小石块填塞垫平,并碾压密实。

6.3.4 砂(砾)垫层

1 垫层材料宜采用无杂物的中、粗砂,含泥量应小于5%;也可采用天然级配砂砾料,其最大粒径应小于50mm,砾石强度不低于四级(即洛杉矶法磨耗率小于60%)。

2 垫层宜分层摊铺压实,碾压到规定的压实度。垫层采用砂砾料时,应避免粒料离析。

3 垫层宽度应宽出路基边脚500~1 000mm,两侧宜用片石护砌或采用其他方式防护。

6.3.5 土工合成材料

1 土工合成材料技术、质量指标应满足设计要求。土工合成材料在存放以及铺设过程中应避免长时间暴露或暴晒。与土工合成材料直接接触的填料中严禁含强酸性、强碱性物质。

2 土工合成材料施工应符合以下规定:

1)下承层应平整,摊铺时应拉直、平顺,紧贴下承层,不得扭曲、折皱。在斜坡上摊铺时,应保持一定松紧度。

2)铺设土工合成材料,应在路堤每边各留一定长度,回折覆裹在已压实的填筑层面上,折回外露部分应用土覆盖。

3)土工合成材料的连接,采用搭接时,搭接长度宜为300~600mm;采用缝接时,缝接宽度应不小于50mm,缝接强度应不低于土工合成材料的抗拉强度;采用黏结时,黏合宽度应不小于50mm,黏合强度应不低于土工合成材料的抗拉强度。

4)施工中应采取措施防止土工合成材料受损,出现破损时应及时修补或更换。

5)双层土工合成材料上、下层接缝应错开,错开长度应大于500mm。

6.3.6 袋装砂井

1 中、粗砂中大于0.6mm颗粒的含量宜占总重的50%以上,含泥量小于3%,渗透系数大于5×10^{-2}mm/s。砂袋的渗透系数应不小于砂的渗透系数。

2 袋装砂井施工应符合以下规定:

1)砂袋露天堆放时,应有遮盖,不得长时间暴晒。

2)砂袋应垂直下井,不得扭结、缩颈、断裂、磨损。

3)拔钢套管时,如将砂袋带出或损坏,应在原孔位边缘重打;连续两次将砂袋带出时,应停止施工,查明原因并处理后方可施工。

4)砂袋在孔口外的长度,应能顺直伸入砂垫层至少300mm。

3 袋装砂井施工质量应符合表6.3.6的规定。

表 6.3.6 袋装砂井施工质量标准

项次	检查项目	规定值或允许偏差	检查方法和频率
1	井距(mm)	±150	抽查3%
2	井长	不小于设计值	查施工记录
3	井径(mm)	+10,0	挖验3%
4	竖直度(%)	1.5	查施工记录
5	灌砂率(%)	-5	查施工记录

6.3.7 塑料排水板

1 塑料排水板技术、质量指标应符合设计要求。露天堆放应有遮盖,不得长时间暴晒。

2 塑料排水板施工应符合以下规定:

1)现场堆放的塑料排水板,应采取措施防止损坏滤膜。

2)塑料排水板超过孔口的长度应能伸入砂垫层不小于500mm,预留段应及时弯折埋设于砂垫层中,与砂垫层贯通,并采取保护措施。

3)塑料排水板不得搭接。

4)施工中防止泥土等杂物进入套管内,一旦发现应及时清除。

5)打设形成的孔洞应用砂回填,不得用土块堵塞。

3 塑料排水板施工质量应符合表6.3.7的规定。

表 6.3.7 塑料排水板施工质量标准

项次	检查项目	规定值或允许偏差	检查方法和频率
1	板距(mm)	±150	抽查3%
2	板长	不小于设计值	抽查3%
3	竖直度(%)	1.5	查施工记录

6.3.8 真空预压、真空堆载联合预压

1 垫层材料宜采用中、粗砂,泥土杂质含量小于5%,严禁砂中混有尖石等尖利硬物。

2 密封膜厚度宜为0.12~0.17mm,密封膜每边长度应大于加固区相应边3~4m。薄膜加工后不得存在热穿、热合不紧等现象,不宜有交叉热合缝。

3 每个加固区用2~3层密封膜,具体层数可根据密封膜性能确定。

4 滤管应不透砂。滤管距泥面、砂垫层顶面的距离均应大于50mm。滤管周围必须用砂填实,严禁架空、漏填。

5 密封沟与围堰施工要求如下:

1)沿加固边界开挖密封沟,其深度应低于地下水位并切断透水层,内外坡应平滑。沟底宽度应大于400mm,密封膜与沟底黏土之间应进行密封处理。

2)密封沟回填料应为不含杂质的纯黏土,不得损害密封膜。

3)筑堰位置应跨密封沟的外沟沿,堰体应密实牢固。

4)铺膜前,应把出膜弯管与滤管连接好,并培实砂子,同时处理好出口的连接。

6 真空表测头应埋设于砂垫层中间,每块加固区不少于2个真空度测点,真空管出口须防止弯折或断裂。

7 抽真空施工要求如下:

1)抽真空持续时间应符合设计要求,设计无规定时可持续2~5个月。

2)覆盖厚度宜为200~400mm,膜下真空压力应持续稳定在80kPa以上。

3)应注意观察负压对其相邻结构物的影响。

8 真空堆载联合预压施工要求如下:

1)路堤填筑宜在抽真空30~40d后开始进行,或按设计规定开始堆载。

2)路堤填筑速率应符合设计规定。

3)路堤填筑期间,应保持抽真空。

4)路堤填筑高度达到设计标高(考虑沉降)后,应继续抽真空,路堤沉降值(或地基固结度)达到设计要求后方可停止抽真空。

9 施工监测要求如下:

1)预压过程中,应进行孔隙水压力、真空压力、深层沉降量及水平位移等预压参数的监测。真空压力每隔4h观测一次,表面沉降每2d测一次。

2)当连续五昼夜实测地面沉降小于0.5mm/d、地基固结度已达到设计要求的80%时,经验收,即可终止抽真空。

3)停泵卸荷后24h,应测量地表回弹值。

6.3.9 砂桩

1 材料要求:采用中、粗砂,大于0.6mm颗粒含量宜占总重的50%以上,含泥量应小于3%,渗透系数大于5×10^{-2}mm/s。也可使用砂砾混合料,含泥量应小于5%。

2 砂桩施工应符合以下规定:

1)采用单管冲击法、一次打桩管成桩法或复打成桩法施工时,应使用饱和砂;采用双管冲击法、重复压拔法施工时,可使用含水量为7%~9%的砂;饱和土中施工可用天然湿砂。

2)地面下1~2m土层应超量投砂,通过压挤提高表层砂的密实程度。

3)成桩过程应连续。

4)实际灌砂量未达到设计用量时,应进行处理。

3　砂桩施工质量,应符合表6.3.9的规定。

表6.3.9　砂桩施工质量标准

项次	检查项目	规定值或允许偏差	检查方法和频率
1	桩距(mm)	±150	抽查3%
2	桩长	不小于设计值	查施工记录
3	桩径	不小于设计值	抽查3%
4	竖直度(%)	1.5	查施工记录
5	灌砂量	不小于设计值	查施工记录

6.3.10　碎石桩

1　材料要求:未风化碎石或砾石,粒径宜为19~63mm,含泥量应小于10%。

2　施工前应按规定做成桩试验。

3　根据试桩成果,严格控制水压、电流和振冲器在固定深度位置的留振时间。

4　碎石桩施工质量,应符合表6.3.10的规定。

表6.3.10　碎石桩施工质量标准

项次	检查项目	规定值或允许偏差	检查方法和频率
1	桩距(mm)	±150	抽查3%
2	桩径	不小于设计值	查施工记录
3	桩长	不小于设计值	抽查3%
4	竖直度(%)	1.5	查施工记录
5	灌碎石量	不小于设计值	查施工记录

5　碎石桩密实度抽查频率为2%,用重II型动力触探测试,贯入量100mm时,击数应大于5次。

6.3.11　加固土桩

1　材料要求如下:

1)生石灰粒径应小于2.36mm,无杂质,氧化镁和氧化钙总量应不小于85%,其中氧化钙含量应不小于80%。

2)粉煤灰中二氧化硅和三氧化二铝含量应大于70%,烧失量应小于10%。

3)水泥宜用普通或矿渣水泥。

2　加固土桩施工前必须进行成桩试验,桩数不宜少于5根,且满足以下要求:

1)应取得满足设计喷入量的各种技术参数,如钻进速度、提升速度、搅拌速度、喷气压力、单位时间喷入量等。

2)应确定能保证胶结料与加固软土拌和均匀性的工艺。

3)掌握下钻和提升的阻力情况,选择合理的技术措施。

4)根据地层、地质情况确定复喷范围。

3 应根据固化剂喷入的形态(浆液或粉体),采用不同的施工机械组合。

4 采用浆液固化剂时,制备好的浆液不得离析,不得停置过长。超过 2h 的浆液应降低等级使用。浆液拌和均匀、不得有结块。供浆应连续。

5 采用粉体固化剂时,应符合以下规定:

1)严格控制喷粉标高和停粉标高,不得中断喷粉,确保桩体长度;严格控制粉喷时间、停粉时间和喷入量。应采取措施防止桩体上下喷粉不匀、下部剂量不足、上下部强度差异大等问题,应按设计要求的深度复搅。

2)当钻头提升到地面以下小于 500mm 时,送灰器停止送灰,用同剂量的混合土换填。

3)如喷粉量不足,应整桩复打,复打的喷粉量不小于设计用量。因故喷粉中断时,必须复打,复打重叠长度应大于 1m。

4)施工设备必须配有自动记录的计量系统。

5)钻头直径的磨损量不得大于 10mm。

6 加固土桩施工质量,应符合表 6.3.11 的规定。

表 6.3.11 加固土桩施工质量标准

项次	检查项目	规定值或允许偏差	检查方法和频率
1	桩距(mm)	±100	抽查桩数 3%
2	桩径	不小于设计值	抽查桩数 3%
3	桩长	不小于设计值	喷粉(浆)前检查钻杆长度,成桩 28d 后钻孔取芯 3%
4	竖直度(%)	1.5	抽查桩数 3%
5	单桩每延米喷粉(浆)量(%)	不小于设计值	查施工记录
6	桩体无侧限抗压强度	不小于设计值	成桩 28d 后钻孔取芯,桩体三等分段各取芯样一个,成桩数 3%
7	单桩或复合地基承载力	不小于设计值	成桩数的 0.2%,并不少于 3 根

6.3.12 水泥粉煤灰碎石桩

1 材料要求如下:

1)集料:应根据施工方法,选择合理的集料级配和最大粒径。

2)水泥:宜选用普通硅酸盐水泥。

3)粉煤灰:宜选用袋装 Ⅱ、Ⅲ 级粉煤灰。

2 施工前应进行成桩试验,试桩数量宜为 5~7 根。

3 水泥粉煤灰碎石桩施工应符合以下规定:

1)桩体施工应选择合理的施打顺序,避免对已成桩造成损害。

2)成桩过程中,应对已打桩的桩顶进行位移监测。

3)混合料应拌和均匀。

4 水泥粉煤灰碎石桩施工质量,应符合表6.3.12的规定。

表6.3.12 水泥粉煤灰碎石桩施工质量标准

项次	检查项目	规定值或允许偏差	检查方法和频率
1	桩距(mm)	±100	抽查桩数3%
2	桩径	不小于设计值	抽查桩数3%
3	桩长	不小于设计值	查施工记录
4	竖直度(%)	1	抽查桩数3%
5	桩体强度	不小于设计值	取芯法,总桩数的5%
6	单桩和复合地基承载力	不小于设计值	成桩数的0.2%,并不少于3根

6.3.13 Y形沉管灌注桩

1 粗集料宜优先选用卵石;采用碎石,宜适当增加含砂率;集料最大粒径不宜大于63mm。混凝土坍落度宜为80~100mm,在运输和灌注过程中无离析、泌水。

2 桩尖、桩帽混凝土强度等级不宜低于C30。

3 邻近有建筑物(构造物)时,应采取有效的隔振措施。

4 桩基定位点及施工区附近的水准点应设置在不受桩基施工影响处。

5 群桩施工,应合理设计打桩顺序、控制打桩速度,防止影响邻桩成桩质量。

6 沉管前,宜在桩管内先灌入高1.5m左右的封底混凝土,方可开始沉管。

7 灌注混凝土的充盈系数不得小于1。

8 拔管速度应保持在1.0~1.2m/min,桩管埋入混凝土深度应大于1m。

9 Y形沉管灌注桩施工质量,应符合表6.3.13的规定。

表6.3.13 Y形沉管灌注桩质量标准

项次	检查项目	规定值或允许偏差	检查方法和频率
1	桩距(mm)	±100	尺量,桩数5%
2	沉桩深度	不小于设计值	尺量,桩数20%
3	桩横截面积	不小于设计值	尺量,桩数5%
4	竖直度(%)	1	查沉孔记录
5	混凝土抗压强度	在合格标准内	每根桩2组,每台班至少2组
6	单桩承载力	不小于设计值	桩数的0.2%,并不少于3根
7	桩身完整性	无明显缺陷	低应变测试,桩数10%

6.3.14 薄壁筒型沉管灌注桩

1 混凝土粗集料宜优先选用卵石,卵石最大粒径为63mm;采用碎石,宜适当增加含砂率,碎石最大粒径为37.5mm。混凝土坍落度宜为80~150mm,在运输和灌注过程中无离析、泌水。

2 桩尖、桩帽混凝土强度等级不宜低于C30。桩尖表面应平整、密实,桩尖内外面圆度偏差不得大于1%,桩尖端头支承面应平整。

3 邻近有建筑物时,应采取有效的隔振措施。

4 在软土地基上打群桩时,应合理设计打桩顺序、控制打桩速度。

5 桩基定位点及施工区附近所设的水准点应设置在不受桩基施工影响处。

6 沉管工艺应符合下列规定:

1)成孔器安装时,应控制底部套筒环形空隙(即成桩壁厚)的均匀性,环隙偏差小于5mm后方可固定上端法兰或缩压夹持器。

2)沉孔之前,必须使桩尖与成孔器内、外钢管的空腔密封,确保在全部沉孔过程中水不会渗入空腔内。

3)浇注混凝土前,应检测孔底有无渗水和淤泥。

7 浇注混凝土应符合下列规定:

1)桩管内混凝土灌满后,先振动5~10s,再边振动边拔管,控制拔管速度均匀,保持管内混凝土高度不小于2m。穿越特别软弱土层时,拔管速度宜控制在1.0~1.2m/min。

2)采取间歇性振动,即灌入2m高度混凝土后,提升振动一次,不宜连续振动而不提升。

3)在沉孔及提升成孔器时,必须控制成孔器的垂直度。

4)浇注后的桩顶标高应大于设计标高500mm。

8 薄壁筒型沉管灌注桩施工质量,应符合表6.3.14的规定。

表6.3.14 薄壁筒型沉管灌注桩施工质量标准

项次	检查项目	规定值或允许偏差	检查方法和频率
1	桩距(mm)	±100	尺量,桩数5%
2	桩外径	不小于设计值	尺量,桩数5%
3	沉桩深度	不小于设计值	尺量,桩数20%
4	筒壁厚度	不小于设计值	尺量,桩数5%
5	竖直度(%)	1	查沉孔记录
6	混凝土抗压强度	合格	每工作台班留2组试件,每根桩至少1组试件
7	单桩承载力	不小于设计值	总桩数的0.2%,并不少于3根
8	桩身完整性	无明显缺陷	低应变测试,桩数10%

6.3.15 静压管桩

1 管桩堆放场地,必须平整、坚实,应有排水措施,不得产生不均匀沉陷。

2 施工前检查成品桩,先张法薄壁预应力混凝土管桩应符合《先张法预应力混凝土管桩》(GB 13476)的规定、《先张法预应力混凝土薄壁管桩》(JC 888)的规定。采用蒸气养护时应在常温下静置3d以上。

3 焊接接桩

1)接桩时,上、下节桩的中心线偏差应小于5mm,节点弯曲矢高不得大于桩段长度的

0.1%。

2)焊接时，应采取措施减小焊接变形，焊缝连续、饱满。焊接后应自然降温，严禁用水浇降温。

3)成桩过程中遇有较难穿透的土层时，接桩宜在桩尖穿过该层土后进行。

4　管桩与托板的连接

1)对于沉入到设计标高后不需要截桩的薄壁预应力混凝土管桩，与托板连接可用托板连接筋与钢筋板圈焊接后，将桩顶直接埋入托板内。连接筋和桩顶埋入托板内深度，应根据不同的工程情况，按设计要求确定。

2)需要截桩的管桩与托板连接，管桩截断后，将垫块下入管内，并把连接用钢筋笼插入桩内，用与托板相同强度等级的混凝土灌注。

5　静压管桩施工质量应符合表6.3.15的规定。

表6.3.15　静压管桩施工质量标准

项次	检查项目	规定值或允许偏差	检查方法和频率
1	桩距(mm)	±100	5%
2	桩长	不小于设计	吊绳量测，5%
3	竖直度(%)	1	5%
4	单桩承载力	不小于设计	桩数的0.2%，并不少于3根
5	托板高度(mm)	+20，-10	钢尺量测，5%
6	托板长度和高度(mm)	+30，-20	钢尺量测，5%
7	托板位置(mm)	50	钢尺量测，5%

6.3.16　强夯

1　应采取隔振、防振措施消除强夯对邻近建筑物的有害影响。

2　施工前应选择有代表性并不小于500m^{2}的路段进行试夯，确定最佳夯击能、间歇时间、夯间距等参数。

3　夯击次数应按现场试夯得到的夯击次数和夯沉量关系曲线确定。

4　垫层材料应采用透水性好的砂、砂砾、石屑、碎石土等。

5　强夯施工应符合以下规定：

1)施工前应检查锤重和落距，单击夯击能量应符合设计要求。

2)夯击前，应对夯点放样并复核，夯完后检查夯坑位置，发现偏差或漏夯应及时纠正。

3)施工过程中应记录每个夯点的夯沉量，原始记录应完整、齐全。

6　强夯施工完成后，应通过标准贯入、静力触探等原位测试，测量地基的夯后承载能力是否达到设计要求。

6.3.17　强夯置换

1　置换材料应采用级配良好的块(片)石、碎石、矿渣等坚硬的粗颗粒材料，粒径不宜大于夯锤底面直径的0.2倍，含泥量不宜大于10%，粒径大于300mm的颗粒含量不宜大于总质量的30%。

2 垫层材料应采用水稳性好的砂、砂砾、石屑、碎石土等。

3 应采取隔振、防振措施消除强夯对邻近建筑物的有害影响。

4 强夯置换施工前应进行试夯。

5 强夯置换施工应符合以下规定:

1)标出第一遍夯点位置,测量地面高程。

2)测量夯前锤底高程。

3)夯击并逐击记录夯坑深度,当夯坑过深而发生起锤困难时,停夯后向坑内填料直至坑顶填平,记录填料数量,如此重复直至满足规定的夯击次数及控制标准,完成一个墩体的夯击。

4)应按由内而外,隔行跳夯击打的原则完成全部夯点的施工。

5)推平地基,用低能量进行满夯,将表层松土夯实,并测量夯后地基高程。

6)按设计铺筑垫层,并分层碾压密实。

6 施工过程质量控制

1)单击夯击能量应符合设计要求。

2)夯击前,应对夯点放样进行复核,夯完后检查夯坑位置,发现偏差或漏夯应及时纠正。

3)按设计要求检查每个夯点的夯击次数和每击沉降量及夯墩的置换深度。

7 质量检验

1)动力触探试验检查置换墩着底情况及承载力。检验数量不少于墩点数1%,且不少于3点。

2)置换墩直径与深度应符合设计要求。

6.3.18 软土地区路堤施工

1 软土地区路堤施工计划中宜考虑地基固结工期。

2 施工时不宜破坏软土地基表层硬壳层。

3 路堤压实宽度应不小于设计值,坡度应符合设计要求。

4 填筑过程中,路堤中心线地面沉降速率每昼夜应不大于10~15mm,坡脚水平位移速率每昼夜应不大于5mm。应结合沉降和位移发展趋势对观测结果进行综合分析。填筑速率应以水平位移控制为主,超过标准应立即停止填筑。

5 采用排水固结法施工时,桥台、涵洞、通道以及加固工程应在预压沉降完成后方可进行施工。路堤与桥台衔接部位、路堤与锥坡预压填土应同步填筑与碾压,填料宜选用透水性材料。

6 应按设计要求的预压荷载、预压时间进行预压。在预压期内,除添加由于沉降而引起的沉降补方外,严禁其他作业。

7 在软土地基上直接填筑路堤,应符合以下规定:

1)水面以下部分应选择透水性好的填料,水面以上可用一般土或轻质材料填筑。

2)填筑路基的土宜从取土场取用。必须在两侧取土时,取土坑距路堤坡脚的距离应满足路堤稳定的要求。

3)反压护道施工宜与路堤同时填筑。分开填筑时,必须在路堤达到临界高度前完成反压护道施工。

8 吹填砂路堤施工应符合下列规定:

1)吹填砂材料宜采用中、粗砂,含泥量不宜大于15%。

2)吹填砂路堤用渗沟排水时,在连接砂堤的端部应设砂砾反滤层,防止砂土堵塞渗沟。排水口处两侧挡水堤应作加固处理。

3)挡水堤外边坡应按设计要求进行防护。

4)吹填砂路堤完工后,应及时完成封闭层。

9 矿渣路堤施工应符合下列规定:

1)路堤填料应为至少放置1年以上的高炉矿渣,并有良好的级配,必要时应予破碎。

2)矿渣用于水位以下或地下水位300mm以内的路堤施工时,其最大粒径应不大于300mm,同时粒径宜小于1/2压实厚度,通过19mm筛孔量应不大于10%,通过0.075mm的筛余料塑性指数应不超过6。

3)每层铺筑厚度应根据试验确定。矿渣填料顶面应采用级配良好的矿渣,或者用最大粒径为75mm的破碎矿渣或碎石进行嵌缝,其厚度应不小于100mm。

6.3.19 路堤施工观测

1 观测项目、内容和频率应符合设计要求。

2 二级及二级以上公路路堤施工中,必须进行沉降和稳定的动态观测,要求见表6.3.19。

表6.3.19 沉降和稳定动态观测

观测项目	常用仪具名称	观测内容及目的
地表沉降量	地表型沉降计(沉降板)	根据测定数据调整填土速率;预测沉降趋势,确定预压卸载时间和结构物及路面施工时间;提供施工期间沉降土方量的计算依据
地表水平位移量及隆起量	地表水平位移桩(边桩)	监测地表水平位移及隆起情况,以确保路堤施工的安全和稳定
地下土体分层水平位移量	地下水平位移计(测斜管)	用作掌握分层位移量,推定土体剪切破坏的位置。必要时采用

3 观测仪表应在软土地基处理之后埋设,并在观测到稳定的初始值后,方可进行路堤填筑。

4 地基条件差、地形变化大、实际问题多的部位和土质调查点附近应设置观测点。同一路段不同观测项目的测点宜布置在同一横断面上。

5 施工期间,应按设计要求进行沉降和稳定的跟踪观测,观测频率应与沉降、稳定的变形速率相适应,每填筑一层应观测一次;如果两次填筑间隔时间较长,每3d至少观测一次。路堤填筑完成后,堆载预压期间观测应视地基稳定情况而定,半月或每月观测一次,直至预压期结束。

6　如地基稳定出现异常,应立即停止加载并采取措施处理,待路堤恢复稳定后,方可继续填筑。

7　稳定性观测

1)一般路段沿纵向每100~200m设置一个观测断面,同时,每一路段应不少于3个断面;桥头路段应设置2~3个观测断面;桥头纵向坡脚、填挖交界的填方端、沿河等特殊路段均应增设观测点。

2)位移观测边桩,应根据需要埋设在路堤两侧坡脚或坡脚以外3~5m处,并结合稳定分析,在预测可能的滑裂面与地面的切面位置布设测点,一般在坡脚以外1~10m范围内设置3~4个位移边桩。同一观测断面的边桩应埋在同一横轴线上。边桩应埋置稳固。

3)校核基点四周必须采用保护措施,并定期与工作基点桩校核。

4)地面位移观测仪器要求:测距精度±5mm,测角精度2″。

5)沿河、临河等凌空面大而稳定性很差的路段,必要时需进行地基土体内部水平位移的观测。

8　沉降观测

1)在施工路段的原地面上一般埋设沉降板进行高程观测。沉降板埋置于路基中心、路肩及坡趾的基底。

2)沉降板观测仪器要求:往返水准测量精度1mm/km。

3)用于观测水平位移的标点桩、校核基点桩亦同时用于沉降观测,埋设于坡趾及以外的标点边桩一般兼测地面沉降。

4)堆载预压期间观测应视地基稳定情况而定,一般情况下,第一个月每3d观测一次,第二、三个月每7d观测一次,从第四个月起每15d观测一次,直至预压期结束。

9　工作标点桩、沉降板观测标、工作基点桩、校核基点桩在观测期均必须采取有效措施加以保护。还应在标杆上设醒目的警示标志。

6.4　红黏土地区路基施工

6.4.1　压缩系数大于0.5MPa^{-1}的红黏土不得直接用于填筑路堤。

6.4.2　不符合6.1.4条规定的红黏土拟作为路基填料时,应进行处理;处理后应符合表4.1.2的规定;压实度应符合表4.2.2-1的规定。

6.4.3　路堤施工前应做好临时排水及防渗设施,截断流向路堤作业区的水源,疏干地表水。

6.4.4　路堤填筑应符合下列规定:

1　应尽量避免雨季施工。雨季施工时,应防止松土被雨淋湿。施工中应保持作业面横坡不小于3%。雨后作业面,应经晾干且重新压实合格后方可进行下道工序的施工。

2 填料应随挖随用。摊铺后必须及时碾压,做到当天摊铺当天完成碾压。

3 路堤填筑应连续,碾压完成后,应采取措施防止路堤作业面因暴晒失水。

6.4.5 包边法施工应符合以下规定:

1 包边材料应为透水性较差的低液限黏土、石灰土等,CBR应符合表4.1.2的规定。严禁用粉土、砂土等低塑性土包边。

2 分层填筑时,先摊铺包边土,后摊铺红黏土。碾压前,应控制两种填料的各自含水量,使两种填料在同一压实工艺下能达到压实标准。包边土的压实度应符合表4.2.2-1的规定。

3 碾压应从两边向中间进行,对不同填料的结合处要增加碾压遍数1~2遍。

4 超高弯道的碾压应自低处向高处进行。

6.4.6 路堑边坡应按设计要求及时进行防护和综合排水施工。

6.4.7 挖方边坡坡脚应按设计要求及时施工支挡结构物。

6.5 膨胀土地区路基施工

6.5.1 膨胀土地区路基施工,应避开雨季作业,加强现场排水,基底和已填筑的路基不得被水浸泡。

6.5.2 膨胀土地区路基应分段施工,各道工序应紧密衔接,连续完成。路基边坡按设计要求修整,并应及时进行防护施工。

6.5.3 膨胀土作为填料时应符合以下规定:

1 强膨胀土不得作为路堤填料。

2 中等膨胀土经处理后可作为填料,用于二级及二级以上公路路堤填料时,改性处理后胀缩总率应不大于0.7%。

3 胀缩总率不超过0.7%的弱膨胀土可作为填料。

6.5.4 二级及二级以上公路路堤基底处理应符合以下规定:

1 高度不足1m的路堤,应按设计要求采取换填或改性处理等措施处治。

2 表层为过湿土,应按设计要求采取换填或进行固化处理等措施处治。

3 填土高度小于路面和路床的总厚度,基底为膨胀土时,宜挖除地表0.30~0.60m的膨胀土,并将路床换填为非膨胀土或掺灰处理。若为强膨胀土,挖除深度应达到大气影响深度。

6.5.5 膨胀土地区路堑施工应符合下列规定:

1 路堑施工前,先进行截、排水设施的施工,将水引至路幅以外。

2 边坡施工过程中,必要时,宜采取临时防水封闭措施保持土体原状含水量。边坡不得一次挖到设计线,应预留厚度 300~500mm,待路堑完成时,再分段削去边坡预留部分,并立即进行加固和封闭处理。

3 路床底标高以下应按照设计要求进行处理。

4 宜用支挡结构对强膨胀土边坡进行防护。支挡结构基坑应采取措施防止暴晒或浸水,基础埋深应在大气风化作用影响深度以下。

6.5.6 膨胀土路基填筑松铺厚度不得大于 300mm;土块粒径应小于 37.5mm。

6.5.7 填筑膨胀土路堤时,应及时对路堤边坡及顶面进行防护。

6.5.8 路基完成后,当年不能铺筑路面时,应按设计要求做封层,其厚度应不小于200mm,横坡不小于 2%。

6.5.9 膨胀土路基的压实度应符合表 4.2.2-1 的规定;符合 6.1.4 条规定的中、弱膨胀土可采用 6.1.4 条的压实标准。

6.6 黄土地区路基施工

6.6.1 黄土地区路基施工,应做好施工期排水,将水迅速引离路基。在填挖交界处引出边沟时,应做好出水口的加固,排水设施接缝处应坚固不渗漏。

6.6.2 路基基底处理应符合以下规定:

1 若基底为非湿陷性黄土,且无地下水时,可按 4.2.2 条第 1 款规定进行基底处理。

2 若地基为一般湿陷性黄土,应采取措施拦截、排除地表水。地下排水构造物与地面排水沟渠必须采取防渗措施,路侧严禁积水。

3 若地基黄土具有强湿陷性或较高的压缩性,应按设计要求进行处理。

6.6.3 黄土填筑路堤应符合下列规定:

1 路床填料不得使用老黄土。路堤填料不得含有粒径大于 100mm 的块料。

2 在填筑横跨沟壑的路基土方时,应做好纵横向界面的处理。

3 黄土路堤边坡应拍实,并应及时予以防护,防止路表水冲刷。

4 浸水路堤不得用黄土填筑。

6.6.4 黄土路堑施工应符合以下规定：

1 路堑路床土质应符合设计要求，密实度不足时，应采取措施碾压至要求的压实度。

2 路堑施工前，应做好堑顶地表排水导流工程。路堑施工期间，开挖作业面应保持干燥。

3 路堑施工中，如边坡地质与设计不符，可提出修改边坡坡度。

6.6.5 黄土陷穴处理可采取以下措施：

1 路基范围内的陷穴，应在其发源地点对陷穴进口进行封填，并截排周围地表水。

2 现有的陷穴、暗穴，可采用灌砂、灌浆、开挖回填、导洞和竖井等措施进行填充。

3 陷穴表面的防渗处理层厚度不宜小于300mm，并将流向陷穴的附近地面水引离。

4 挖方边坡坡顶以外50m范围内、路堤坡脚以外20m范围内的黄土陷穴宜进行处理。挖方边坡坡顶以外的陷穴，若倾向路基，应作适当处理。对串珠状陷穴应彻底进行处治。

6.7 盐渍土地区路基施工

6.7.1 路堤填料

1 路堤填料应符合表6.7.1的规定。

表 6.7.1 盐渍土地区路堤填料的可用性

公路等级		高速公路、一级公路			二级公路			三、四级公路	
土类及盐渍化程度 \ 填土层位		0~0.80m	0.80~1.50m	1.50m以下	0~0.80m	0.80~1.50m	1.50m以下	0~0.80m	0.80~1.50m
粗粒土	弱盐渍土	×	○	○	$\square_1$	○	○	○	○
	中盐渍土	×	×	○	$\square_1$	○	○	$\square_3$	○
	强盐渍土	×	×	$\square_1$	×	$\square_2$	$\square_3$	×	$\square_1$
	过盐渍土	×	×	×	×	×	$\square_2$	×	$\square_2$
细粒土	弱盐渍土	×	$\square_1$	○	$\square_1$	○	○	$\square_1$	○
	中盐渍土	×	×	$\square_1$	×	$\square_1$	○	×	$\square_4$
	强盐渍土	×	×	×	×	×	$\square_2$	×	$\square_2$
	过盐渍土	×	×	×	×	×	$\square_2$	×	×

注：表中○-可用；

×-不可用；

□-部分可用。

$\square_1$-氯盐渍土及亚氯盐渍土可用；

$\square_2$-强烈干旱地区的氯盐渍土及亚氯盐渍土经过论证可用；

$\square_3$-粉土质(砂)、黏土质(砂)不可用；

$\square_4$-水文地质条件差时的硫酸盐渍土及亚硫酸盐渍土不可用。

强烈干旱地区的盐渍土经过论证酌情选用。

2 对填料的含盐量及其均匀性应加强施工控制检测,路床以下每 1 000m^3 填料、路床部分每 500m^3 填料应至少做一组测试,每组 3 个土样,填方不足上列数量时,亦应做一组试件。

3 用石膏土作填料时,应先破坏其蜂窝状结构。

6.7.2 基底(包括护坡道)处治

1 表土不符合表 6.7.1 的规定时,应挖除;路堤高度小于表 6.7.2 的规定时,除应将基底土挖除外,还应按设计要求换填透水性较好的土。

表 6.7.2 盐渍土地区路堤最小高度

土质类别	高出地面(m)		高出地下水位或地表长期积水位(m)	
	弱、中盐渍土	强、过盐渍土	弱、中盐渍土	强、过盐渍土
砾类土	0.4	0.6	1.0	1.1
砂类土	0.6	1.0	1.3	1.4
黏性土	1.0	1.3	1.8	2.0
粉性土	1.3	1.5	2.1	2.3

注:1.二级公路最小高度可为表中数值的 1.2 ~ 1.5 倍。

2.一级公路、高速公路最小高度可为表中数值的 2 倍。

2 含水量超过液限的原地基土,应按设计要求将基底以下 1m 全部换填为透水性材料;含水量介于液限和塑限之间时,应按设计要求换填 100 ~ 300mm 厚的透水性材料;含水量在塑限以下时,可直接填筑黏性土。

3 地下水位以下的软弱土体应按设计要求采用透水性好的粗粒土换填,高度宜高出地下水位 300mm 以上。

4 在内陆盆地干旱地区,路面为沥青混凝土、水泥混凝土或沥青表处时,应按设计要求在路堤下部设置封闭性隔断层。

5 地表为过盐渍土的细粒土、有盐结皮和松散土层时,应将其铲除,铲除的深度通过试验确定。地表过盐渍土层过厚时,如仅铲除一部分,则应设置封闭隔断层,隔断层宜设置在路床顶面以下 800mm 处;若存在盐胀现象,隔断层应设在产生盐胀的深度以下。

6.7.3 盐渍土路堤应分层填筑、分层压实,每层松铺厚度不宜大于 200mm,砂类土松铺厚度不宜大于 300mm。碾压时应严格控制含水量,碾压含水量不宜大于最佳含水量 1 个百分点。雨天不得施工。

6.7.4 盐渍土路堤的施工,应从基底处理开始,连续施工。在设置隔断层的地段,宜一次做到隔断层的顶部。

6.7.5 地下水位高的黏性盐渍土地区,宜在夏季施工;砂性盐渍土地区,宜在春季和夏初施工;强盐渍土地区,宜在表层含盐量较低的春季施工。

6.7.6 排水

1 施工中应及时合理设置排水设施，路基及其附近不得积水。

2 取土坑底面应高出地下水位至少150mm，底面向路堤外侧应有2%～3%排水横坡。

3 在排水困难地段或取土坑有可能被水淹没时，应在取土坑外采取适当处治措施。

4 在地下水位较高地段，应加深两侧边沟或排水沟，以降低路基下的地下水位。

5 盐渍土地区的地下排水管与地面排水沟渠，必须采取防渗措施。盐渍土地区不宜采用渗沟。

6.8 风积沙及沙漠地区路基施工

6.8.1 施工作业应尽量避开风季。注意保护所有标志桩、点，防止被风刮倒或沙埋。

6.8.2 应遵循边施工边防护的原则，土方施工、防护工程、防沙工程应配套完成。

6.8.3 地表清理时，不得随意破坏路线两侧植被和地表硬壳，注意保护沙漠环境。

6.8.4 流动性沙漠地区，应采用高效并且具有一定防风沙性能的施工机械。路基的填、挖应完成一段，防护一段，确保路基的强度和稳定。

6.8.5 取土和弃土

1 取土坑应设在背风侧路堤坡脚处5m以外；当必须两侧取土时，应封闭或摊平取土坑。粗砂平地一般不宜取土。

2 取土坑应布设合理，减少对植被和原地貌的大面积破坏，取料结束后应整平，恢复原有植被。

3 弃土应根据地形情况，弃于背风侧低洼处，并大致整平。

6.8.6 填方路堤

1 当基底为非风积沙时，应按设计要求进行换填。

2 风积沙填料应不含有机质、黏土块、杂草和其他有害物质。

3 路堤填筑宜采用水平分层填筑方式，按照横断面全宽推筑。

6.8.7 挖方路基

1 挖方深度大于2m的路基两侧及半填半挖路段两侧路基宜加宽1～2m。

2 流动沙漠路基边坡按设计坡度整平，并按设计要求进行固沙处理。

6.8.8 土工布

1 土工布横向搭接宽度应不小于300mm,纵向搭接长度应不小于500mm,搭接部应采用有效方法连接。

2 土工布展铺好后,宜采用振动压路机静压一遍,增强沙基表层密实度,然后方可铺筑垫层。

6.8.9 沙漠路基宜采用振动压实机械进行碾压。沙漠路基压实度可采用表6.8.9的规定。

表6.8.9 沙漠路基压实度标准

填挖类型		路床顶面以下深度(m)	压实度(%)	
			高速公路、一级公路	其他等级公路
路堤	上路床	0～0.30	≥95	≥93
	下路床	0.30～0.80	≥95	≥93
	上路堤	0.80～1.50	≥93	≥90
	下路堤	>1.50	≥90	≥90
零填及挖方路基		0～0.30	≥95	≥93
		0.30～0.80	≥95	≥93

6.8.10 防沙工程

1 防沙工程本着"因地制宜、就地取材、因害设防、综合治理"的原则,应注意保护施工区域的天然植被,工程建设和防沙治沙应同步进行。

2 采用天然砂砾或黏土等覆盖地表面时,粒径应不大于63mm。

3 利用各种草类、截枝条全面铺压或带状铺草、平铺杂草固沙施工时,须用草绳或枝条纵横固结,或者用沙砾压盖,防止风毁。

4 草方格应纵横成行、线条清晰。

5 栅栏设置应先于固沙方格或同步施工,路基两侧应同时施工,无条件时,可先施工迎风侧。

6 采用植物固沙法施工时,应严格按设计所要求的树苗(或灌木种类)和设计的种植间距及布置形式进行栽种。

6.9 季节性冻土地区路基施工

6.9.1 冻胀路基施工,应根据设计要求和现场调查、核对情况,合理选择施工方法,采取合理有效的抗冻措施。

6.9.2 冻胀路基施工过程中,应经常检查冻害状况,发现冻胀、软弹、变形、纵向横向裂缝及翻浆等病害时应及时处理。

6.9.3 路基填挖交界过渡段基底，根据填、挖段不同的冻胀量进行处理，使挖方终点的冻胀量和填方段的冻胀量基本一致。

6.9.4 路基填料应符合下列规定：

1 路床填料宜优先选择矿渣、炉渣、粉煤灰、砂、砂砾石及碎石等抗冻稳定性较好的材料。

2 路床或上路堤采用粉土、黏土填筑时，可按设计要求使用石灰、水泥、土壤固化剂等单独或混合进行稳定处理，填料的改善或处理应根据路基抗冻胀性能要求，结合填料性质经试验确定。

3 冻土、非透水性过湿土不得直接用于填筑下路堤。

6.9.5 挖方段路基应符合下列规定：

1 路床换填

1)路床地基土挖除、换填深度应符合设计要求。

2)应分层开挖，一般宜从外侧向内侧挖掘，最后一层应从内向外挖掘。

3)使用粗颗粒填料换填时，填料应均匀，小于 0.075mm 的含量应不大于 5%。

4)采用石灰、水泥对填料进行改性处理时，应掺拌均匀，改性剂的剂量应符合设计要求或经试验确定。

5)换填应分层填筑，压实度达到规定要求。

2 排水

1)施工前应完成截水沟，填筑拦水埂，填平坡顶的冲沟、水坑。

2)施工中，应采取措施阻止边界外的水流入路基中；应保持排水沟通畅，将水迅速排出路基之外。

3)填挖交界段应设置过渡边沟。

4)在路基开挖面接近设计标高时，应及时施工地下排水构造物，尽快形成各式沟、管、井、涵等，组成完整、有效的排水系统，严禁路基完成后才进行地下排水构造物施工。

6.9.6 石质挖方、零填路段不宜超挖。超挖或清除软层后的凹凸面，严禁用挖方料和未经稳定处理的混合料回填，岩面凸出部分应凿除，超挖的坑槽及岩石凹面可用贫水泥混凝土浇注，混凝土最小厚度应大于 80mm。

6.9.7 非全冻路堤在冻深范围内的填筑应符合下列规定：

1 冻深范围内的填土严禁混杂，冻胀性质不同的土，应分层填筑；同一类土的填筑，总厚度不宜小于 600mm；抗冻性强的土应填在高层位。

2 同一层土的含水量应基本一致，允许偏差为 2%。

3 施工期间每层土顶面应设置不小于 2.5% 的排水横坡。

6.9.8 全冻路堤施工前,应在路堤两侧先完成排水沟或边沟,应结合永久排水设计完成渗沟、渗井等地下排水设施。

6.10 多年冻土地区路基施工

6.10.1 施工前应核查沿线冻土情况、地面水、地下水以及有无其他的热融(湖、塘)、冰丘、冰锥等不良地质情况,结合设计要求制订施工方案。

6.10.2 施工必须严格遵循保护冻土的原则,使路基施工后仍处于热学稳定状态。

6.10.3 填方路基施工要求如下:

1 施工过程中,应采取措施保持路基及周围冻土处于冻结状态。

2 根据设计要求和实际情况对基底应采取换填、设置毛细水隔断层等措施。

3 取土应符合以下规定:

1)宜设置集中取土场,取土位置宜在路堤坡脚500m以外。

2)斜坡地表上的路堤,取土坑应设在上坡一侧。

3)取土坑深度不得超过当地多年冻土上限以上土层厚度的80%,坑底应设纵横坡和排水口。

4)取土坑的外露面,应进行处理。

4 填料应符合以下要求:

1)宜选用保温、隔水性能均较好的填料,严禁使用塑性指数大于12、液限大于32%的细粒土和富含腐殖质的土及冻土。高含冰的土不宜用于路基填料。

2)采用黏性土或透水性不良土填筑路堤时,应控制土的含水量,碾压时含水量应控制在最佳含水量±2%范围内。

3)通过热融湖(塘)的路堤,水下部分必须用透水性良好的填料填筑,填筑高度应高于最高水位0.5m以上。

5 靠近基底部位有饱冰冻土层且有可能融化时,宜设保温护道和护脚。

6 应根据设计要求采用土工格栅等技术措施,增加路基整体性和强度。

7 路基填筑应分层碾压,压实度应符合表4.2.2-1的规定。

6.10.4 挖方路基

1 地下水发育地段,路基边沟应有防渗措施。挡水堰等构造物施工应按设计要求采取加固措施。

2 加固土质边坡的铺砌厚度应满足设计和保温要求。

3 饱冰冻土、含土冰层地段路堑,可根据设计要求换填足够厚度的水稳性好的填料。施工应速度快,保温措施有效。

6.10.5 路基处于其他不良地质地段时,应符合下列规定:

1 冰锥、冰丘地段路基施工,应按设计要求做好排水。

2 松软基底两侧宜设反压护道。

3 沼泽冻土地段路堤下部应按设计做好隔离层或隔温层,并保护好两侧地表植被。

4 冻胀丘较重地段,应在上游主流处按设计要求做好地下渗沟,将水引到一定距离外的地面积冰场。

6.11 涎流冰地段路基施工

6.11.1 施工前,应对当地地形、地质、气象,涎流冰的水源、类型及规模、危害情况,当地防治经验等进行调查核对,确定合理的处治措施及施工方案。

6.11.2 施工应尽量减少对原有自然排水系统的影响。在修建排、挡、截等结构物时,不得随意挖掘取土,并注意保留(护)原自然形成的疏水系统。

6.11.3 在冰冻或高寒的涎流冰地区,路基宜选用水稳性良好的砂砾石土作为填料。

6.11.4 采用浆砌片(块)石砌筑的挡冰墙,砌筑砂浆必须密实、饱满,未达到设计强度前不得浸水遭受冻胀破坏。采用干砌时,应采用大块石砌筑。挡冰墙外的聚冰坑应按设计要求进行施工。土质地段的聚冰坑,应按设计要求砌筑,并做好防渗施工。

6.11.5 在施工过程中,应对涎流冰进行监控。

6.11.6 地下排水施工应符合以下规定:

1 应按设计要求在冻结深度以下,并在不低于路面以下 2m 处做好地下排水设施的隔水层或反滤层。

2 地下排水设施应在路基完工前完成。

3 地下排水结构开挖中,应采用有利于排水的方法分层进行,随时排出地下渗水和流水。上口通过封闭式渗池与含水层衔接,下口位于路基下侧边坡坡面以外,出水口应有保温措施。

6.12 雪害地段路基施工

6.12.1 应充分理解和掌握防雪工程的设计意图,进行详细现场勘察,核查公路沿线雪害的类型、范围、规模、分布位置等。

6.12.2 应本着不破坏自然景观及生态环境的原则,采用科学的施工工艺,尽量减少在施工过程中造成额外的公路雪害。及时清理现场,严禁随意破坏地表植被。

6.12.3 雪崩地段施工应制订安全预案。

6.12.4 在修筑高路堤、开挖储雪场及整修山坡的施工中,应及时查明工程地质及水文地质变化,根据实际情况,采取相应措施。

6.12.5 路基排水应充分考虑春季融雪水的渗透作用,根据当地稳定积雪深度及融雪水的情况,采取措施保证路基的稳定及构造物的抗冻融性。路基的纵横向排水、防水系统要完善,保证融雪水顺畅排出。

6.12.6 积雪地段路基及构造物应采用水稳性和抗冻融性较好的材料,对填料的性能指标及其均匀性应加强施工控制检测,保证雪害地段路基及防雪工程的稳定性。

6.12.7 坡面防护施工应适时,防止温度变化、春融雪水作用破坏边坡坡面。

6.12.8 雪崩地段路基施工

1 应配备专门的观测仪器和人员进行监测,及时预报警示山体塌方、碎石跌落、降雨降雪天气、大量地下水涌出等可能造成的山体变化情况,应制订安全预案,避免施工安全事故。

2 应及时监测和预防施工机械运转振动造成的坍塌、碎落及山体滑坡。

3 在同一个雪崩区,防雪工程应从雪崩源头开始施工,上一个单项工程完成后方可开始相邻的下一个单项工程施工。其他类似工程亦应按此要求依次施工。

4 挖方施工时,应沿等高线开挖水平台阶,按从上到下的顺序开挖台阶,废方堆于台阶下方。

5 稳雪栅栏可沿等高线设置。稳雪栅栏宜设置多排,最高一排栅栏应尽可能在雪崩裂点附近及雪檐下方,应保证基础的稳定性及锚固钢筋的锚固要求,回填土压实度应不小于95%,栅栏与坡面的交角应严格按设计要求施工。

6 防雪林的布设应从雪崩源头开始到雪崩运动区,从上到下分期种植适合当地环境的速生树种。

7 修筑钢筋混凝土或浆砌圬工防雪走廊时,原地基及回填土压实度应不小于95%。应注意结构物的防水、排水及冻融要求,墙后填土应与山坡相顺接。

6.12.9 风吹雪地段路基施工

1 路基两侧距边坡坡脚不小于30m范围内的废方及障碍物应清除,并对地表进行整平,否则,应设置防雪设施。

2 根据当地主风向、风速等情况选择取土坑的位置。在单一风向的路段,取土坑宜设在路堤背风侧,与路堤边坡坡脚最小距离 50m。在有两向交替风作用的路段,宜集中设置取土坑,与路堤边坡坡脚最小距离 100m,施工完成后应将其边坡修成缓坡,使其平行于主风向的断面平顺通畅。根据需要,填方路堤的取土坑也可用作储雪场。

3 风吹雪路段路基弃方位置,应位于背风坡一侧、距离大于 100m 的低地或距路堑坡顶的距离不小于 100m,并应将其整理平顺。

4 石方路堑(包括积雪平台)超挖处理应符合以下规定:

1)严禁使用劣质开山料或覆盖土回填。

2)超挖回填部分应选用水稳性和抗冻融性好的材料,压实度应符合表 4.2.2-1 的规定。

3)超挖部分不规则或超挖深度超过 80mm 时,应用混凝土填补找平。

4)边坡、积雪平台应按以上要求进行施工整理,并设向路基坡脚外 2% 的坡度,应将积雪平台内进行硬化处理。

5 土质路堑或遇水崩解软化的风化泥质页岩类路堑的路床(包括积雪平台)压实度应符合表 4.2.2-1 的规定,积雪平台应设向外 2% 的坡度,路基边坡应严格按防雪设计要求施工,将废方或障碍物清理到设计指定的位置。

6 挖方路基边坡一般不陡于 1:4。当外侧剩余台地工程量不大时,宜全部挖除。

6.13 滑坡地段路基施工

6.13.1 滑坡地段施工前,应制订应对滑坡或边坡危害的安全预案,施工过程中应进行监测。

6.13.2 滑坡整治宜在旱季施工。需要在冬季施工时,应了解当地气候、水文情况,严格按照冬季施工的有关规定实施。

6.13.3 路基施工应注意对滑坡区内其他工程和设施的保护。在滑坡区内有河流时,应尽量避免因滑坡工程的施工使河流改道或压缩河道。

6.13.4 滑坡整治,应及时采取技术措施封闭滑坡体上的裂隙,应在滑坡边缘一定距离外的稳定地层上,按设计要求并结合实际情况修筑一条或数条环形截水沟,截水沟应有防渗措施。

6.13.5 施工时应采取措施截断流向滑坡体的地表水、地下水及临时用水。

6.13.6 滑坡体未处理之前,严禁在滑坡体上增加荷载,严禁在滑坡前缘减载。

6.13.7 滑坡整治完成后,应及时恢复植被。

6.13.8 采用削坡减载方案整治滑坡时,减载应自上而下进行,严禁超挖或乱挖,严禁爆破减载。

6.13.9 采用加填压脚方案整治滑坡时,只能在抗滑段加重反压,并且做好地下排水,不得因为加填压脚土而堵塞原有地下水出口。

6.13.10 抗滑支挡工程施工

1 采用不同类型抗滑支挡结构整治措施时,应有合理的施工方法和施工程序。在上一道工序未达到设计要求之前,不得进行下一道工序。

2 首件工程施工中,应核查实际地质情况并进行地质编录。

3 当墙后有支撑渗沟及排水工程时,应先期施工。

4 抗滑支挡结构物的尺寸和位置应符合设计要求,严禁擅自减小结构尺寸、减短抗滑桩桩长、减短锚索长度等。

5 施工中遇到异常地质情况时,应会同有关单位进行处理。

6 各种支挡结构的基础必须置于滑动面以下,并嵌入稳定地层。

7 开挖基坑时,应分段跳槽施工,并应加强支撑,随挖随砌,及时回填。

6.13.11 降雨前后及降雨过程中,应加强对施工现场的检查巡视。

6.14 崩塌与岩堆地段路基施工

6.14.1 崩塌与岩堆地段路基施工中,必须采取有效措施,预防岩石塌落,确保安全。

6.14.2 施工中必须按设计要求做好截、排水、防渗设施,处理好岩堆地段的渗入水及地下水。

6.14.3 岩堆地区路基施工,不宜扰动岩堆体、破坏原有的边坡。填筑路基时,不宜使用振动碾压设备。

6.14.4 对单个危岩,应根据地形和岩层情况采用相应的处理措施。当地面坡度陡于1∶1.5时,应对较大孤石进行处理。

6.14.5 在岩堆上进行路堤施工,应清除表层堆积物并挖台阶。

6.14.6 在较大而稳定性较好的岩堆上修筑路基,应按设计要求采取治理岩堆的措施,可注入水泥砂浆、修建护面墙、挡土墙等。对较大而稳定性较差的岩堆,应按设计要求采用综合治理措施,可先修筑下挡墙,再分阶梯形成边坡或修筑护面墙,然后在岩堆体内分段注入水泥砂浆等。

6.15 泥石流地区路基施工

6.15.1 施工前,应结合设计详细调查泥石流的成因、规模、特征、活动规律、危害程度等相关情况,核实泥石流形成区、流动区和堆积区,确定适宜的施工方案。

6.15.2 泥石流地区路基施工,应设置专职巡查人员,监测泥石流动态,遇有异常情况应及时处理,确保施工安全。

6.15.3 采用桥梁形式跨越泥石流地段时,应按设计要求采取防护加固措施。

6.15.4 采用排泄道、排导沟、明洞、涵洞、渡槽等排导功能为主的结构进行泥石流治理时,排导构造物应符合下列规定:

1 排导构造物基础应牢固,强度、断面与高度应符合设计要求。

2 排导构造物平面线形应圆滑、渐变,上下游应有足够长的衔接段,行进段沟槽不宜过分压缩,出口不宜突然放宽。流向改变处的转折角不宜超过 15°,避免因急弯突然收缩和扩大而造成淤塞。

3 排导构造物行进段和出口段的纵坡应满足设计要求或大于沟槽的淤积平衡坡度。

6.15.5 永久性调治构造物采用浆砌片(块)石时,应采用质地坚硬、不易风化的片(块)石,基础应置于设计要求的深度,强度符合设计要求。

6.15.6 利用植被治理泥石流时,植物物种应选择生长期短、见效快、根系发达,适宜本地区生长的品种。

6.16 岩溶地区路基施工

6.16.1 施工前,应结合设计详细核查岩溶分布、地形、地表水、地下水活动规律及设计处治方案的可行性和完整性,严禁随意堵塞溶洞。

6.16.2 在路基边坡上的干溶洞,应清除洞内沉积物并用干砌或浆砌片石堵塞。

6.16.3 路基上方的溶泉或壅水,应按设计先做好排水涵(管)。

6.16.4 路基基底下的干溶洞，可结合设计要求采取以下措施：

1 铲除溶洞石笋，整平基底，直接用砂砾石、碎石、干(浆)砌片石等回填密实。

2 当溶洞顶板太薄或者顶板较破碎，按设计要求进行加固时，应严格控制加固质量，确保强度。

3 当溶洞顶板较完整、厚度较大时，应根据设计要求，确定处理方案。

4 采用桥涵跨越通过时，桥涵基础必须置于有足够承载能力的稳定地基上。

6.16.5 路基基底下有溶泉或壅水，应采取排导措施保证路基不受浸害；当修建水泥混凝土、沥青路面等路面时，应按设计要求采取措施防止因温差作用而使水汽上升，聚集在路面基层下。

6.16.6 应对路基基底范围内的石笋、石牙进行处理。

6.16.7 流水量大的暗洞及消水洞，用桥涵跨越时，应确保基础稳定。

6.17 采空区路基施工

6.17.1 施工前，应结合设计详查路幅内采空区类型(平洞、竖井或斜井)、水文地质、地下水高度和顶板地层厚度，复核设计方案的可行性，编制施工组织设计，完善处治措施。

6.17.2 路基边沟及排水沟底部，应采取措施防止地表水渗漏到采空区内。

6.17.3 采空区路基基底采用砂砾石、碎石、干(浆)砌片石等回填时，填料质量和填筑压实度应符合设计要求，片石强度满足设计要求。

6.17.4 开挖回填处治采空区，应按设计要求的处理长度、宽度、深度进行处理。

6.17.5 采空区采用充填注浆处理时，处理后地基应满足设计对沉降稳定的要求。

6.18 沿河、沿溪地区路基施工

6.18.1 沿河、沿溪地区路基施工应根据设计要求和现场情况，合理选择施工方法。

6.18.2 路基弃方应妥善处理，严禁向河中倾弃。

6.18.3 受水位涨落影响及常水位以下路堤，宜用水稳性好、不易风化的透水性材料填筑，粒径不宜大于300mm。

6.18.4 沿河、沿溪地区的高填方、半挖半填、拓宽路段的新老交界面应按设计要求采取措施保证路基稳定，峡谷地段宜采用石质填料。

6.18.5 路基边坡有潜水或渗水层时，应参照第5章有关规定按设计要求设置排水设施，将水引出路基范围之外。

6.19 水库地区路基施工

6.19.1 库区路基施工，应采取措施减少对水库水体及周围环境的污染。

6.19.2 库区路基施工应根据设计线位与库岸的位置关系，合理选择施工方法。

6.19.3 沿水库边缘修筑的路基，或路基离岸10m以内时，应按设计要求预先对库岸进行防护。

6.19.4 路堤填料宜选择透水性较好的材料。

6.19.5 边坡防护材料应采用强度较高、不易风化的硬质石料。在冰冻地区的护坡采用片石防护时，应选择抗冻性好的石料。在水库上游地段，护坡基础埋深应符合设计要求。

6.19.6 库区浸水路堤施工要求如下：

1 填料应采用不易风化的硬质石料。

2 路堤外侧边坡的码砌厚度应满足设计要求，码砌石块粒径宜大于300mm，错缝台阶式砌筑，块体紧贴边坡，块体接触面向内倾斜，路堤边坡符合设计要求。

3 路基较高且浸水较深的路段，可在靠水库库心一侧的迎水坡面护脚上设置片石石垛，石块尺寸应不小于码砌厚度。

6.20 滨海地区路基施工

6.20.1 滨海地区路基施工应根据设计要求和现场水文地质情况，合理选择施工方法。

6.20.2 滨海地区路基应采用水稳性较好的填料填筑。

6.20.3 斜坡式路堤施工要求如下：

1 应采取措施保证路堤填料不被海流冲移、浸蚀。

2 护坡采用条石、块石或混凝土人工块体、土工合成材料时,所采用的材料质量必须满足相关要求,坡面平整,块体接触面向内倾斜,紧贴坡面。

3 胸墙应在路堤的沉降基本完成以后再修筑。

6.20.4 直墙式路堤施工要求如下:

1 直墙式路堤应采用石块填筑,石块的大小应以石块能够沉达到位,且能确保路堤安全稳定为原则。

2 采用抛石方法形成的明基床或暗基床应满足设计要求。

7 冬、雨季路基施工

7.1 一般规定

7.1.1 冬、雨季施工应根据季节特点和施工段的地质地形条件,制订合理的施工方案。

7.1.2 冬、雨季施工应做好临时排水,并与永久排水设施衔接顺畅。

7.1.3 冬、雨季施工应加强安全管理,制订安全预案,加强气象信息的收集工作,避免灾害和事故发生。

7.1.4 冬、雨季施工前必须做好各项准备工作。

7.2 冬季施工

7.2.1 在反复冻融地区,昼夜平均温度在－3℃以下,且连续10d以上,或者昼夜平均温度虽在－3℃以上,但冻土没有完全融化时,均应按冬季施工办理。

7.2.2 高速公路、一级公路的土质路堤和地质不良地区二级及二级以下公路路堤不宜进行冬季施工。河滩低洼地带,可被水淹没的填土路堤不宜进行冬季施工。土质路堤路床以下1m范围内,不得进行冬季施工。半填半挖地段、挖填方交界处不得在冬季施工。

7.2.3 冬季路基施工应采取措施,及时排放雨雪水及路堑开挖时出现的地下水。

7.2.4 路基基底处理应符合下列规定:

1 冻结前应完成表层清理,挖好台阶,并应采取保温措施防止冻结。

2 填筑前应将基底范围内的积雪和冰块清除干净。

3 对需要换填土地段或坑洼处需补土的基底应选用适宜的填料回填,并及时进行整平压实。

4 基底处理后应立即采取保温措施防止冻结。

7.2.5 填方路堤施工应符合下列规定:

1 路堤填料，应选用未冻结的砂类土、碎石、卵石土、石渣等透水性良好的材料。不得用含水量过大的黏性土。

2 填筑路堤，应按横断面全宽平填，每层松铺厚度应比正常施工减少20%～30%，且松铺厚度不得超过300mm。当天填土应当天完成碾压。

3 中途停止填筑时，应整平填层和边坡并进行覆盖防冻，恢复施工时应将表层冰雪清除，并补充压实。

4 当填筑标高距路床底面1m时，碾压密实后应停止填筑，在顶面覆盖防冻保温层，待冬季过后整理复压，再分层填至设计标高。

5 冬季过后必须对填方路堤进行补充压实，压实度应达到本规范相关要求。

7.2.6 挖方路基施工应符合下列规定：

1 挖方边坡不得一次挖到设计线，应预留一定厚度的覆盖层，待到正常施工季节后再修整到设计坡面。

2 路基挖至路床顶面以上1m时，完成临时排水沟后，应停止开挖，待冬季过后再施工。

7.2.7 河滩地段可利用冬季水位低的有利条件，开挖基坑修建防护工程，但应采取措施保证工程质量。

7.3 雨季施工

7.3.1 路基排水应符合下列规定：

1 雨季施工应综合规划、合理设置现场防排水系统，采取有效措施，及时引排地面水。

2 对施工临时挤占的沟渠、河道应采取措施保证不降低原有的排水能力。

3 路堤填筑的每一层表面应设2%～4%的排水横坡。

4 在已填路堤路肩处，应采取设置纵向临时挡水土埂、每隔一定距离设出水口和排水槽等措施，引排雨水至排水系统。

5 雨季路堑施工宜分层开挖，每挖一层均应设置纵横排水坡，使水排放畅通。

7.3.2 路基基底处理应符合下列规定：

1 在雨季前应将基底处理好，孔洞、坑洼处填平夯实，整平基底，并设纵横排水坡。

2 低洼地段，应在雨季前将原地面处理好，并将填筑作业面填筑到可能的最高积水位0.5m以上。

7.3.3 填方路堤施工应符合下列规定：

1 填料应选用透水性好的碎(卵)石土、砂砾、石方碎渣和砂类土等。利用挖方土作填料,含水量符合要求时,应随挖随填及时压实。含水量过大难以晾晒的土不得用作雨季施工填料。

2 雨季填筑路堤需借土时,取土坑的设置应满足路基稳定的要求。

3 路堤应分层填筑,当天填筑的土层应当天或雨前完成压实。

7.3.4 挖方路基施工应符合下列规定:

1 挖方边坡不宜一次挖到设计坡面,应预留一定厚度的覆盖层,待雨季过后再修整到设计坡面。

2 雨季开挖路堑,当挖至路床顶面以上 300 ~ 500mm 时应停止开挖,并在两侧挖好临时排水沟,待雨季过后再施工。

3 雨季开挖岩石路基,炮眼宜水平设置。

7.3.5 结构物基坑在雨季开挖后未能及时施工时,应采取防浸泡措施,必要时雨后应对基坑地基承载力再次检测,以确定是否满足设计要求。

7.3.6 制订雨季施工安全预案,做好防洪抢险的准备工作。

8 路基防护与支挡

8.1 一般规定

8.1.1 路基防护工程宜与路基挖填方工程紧密、合理衔接,开挖一级防护一级,并及时进行养护。各类防护和加固工程应置于稳定的基础或坡体上。

8.1.2 应根据开挖坡面地质水文情况逐段核实路基防护设计方案,应尽量采用边坡自然稳定下的植物防护或不防护。

8.1.3 坡面防护施工前,应对边坡进行修整,清除边坡上的危石及不密实的松土。坡面防护层应与坡面密贴结合,不得留有空隙。

8.1.4 在多雨地区或地下水发育地段,路基防护工程施工中,应采取有效措施截排地表水和导排地下水。

8.1.5 临时防护措施应与永久防护工程相结合。

8.2 坡面防护

8.2.1 植物防护

1 植被防护施工应符合下列规定:

1)植被施工,铺、种植被后,应适时进行洒水、施肥等养护管理,直到植被成活。

2)种草施工,草籽应撒布均匀,同时做好保护措施。

3)灌木(树木)应在适宜季节栽植。

4)养护用水应不含油、酸、碱、盐等有碍草木生长的成分。

2 三维植被网防护施工应符合下列规定:

1)三维植被网中的回填土应符合设计要求,宜采用客土,或土、肥料及腐殖质土的混合物。

2)三维植被网应符合设计及有关标准。

3)三维植被网的搭接宽度不宜小于100mm。

3 湿法喷播施工,喷播后应及时养护,成活率应达到90%以上。

4　客土喷播施工应符合下列规定：

1)喷播植草混合料的配合比(植生土、土壤稳定剂、保水剂、肥料、混合草籽、水等)应根据边坡坡度、地质情况和当地气候条件确定，混合草籽用量每1 000m^2不宜少于25kg。

2)气温低于12℃不宜喷播作业。

8.2.2　骨架植物防护

1　浆砌片石(或混凝土)骨架植草防护施工应符合下列规定：

1)骨架内应采用植物或其他辅助防护措施。植草草皮下宜有50～100mm厚的种植土，草皮应与坡面和骨架密贴。

2)应及时对草皮进行养护。

2　水泥混凝土空心块护坡施工应符合下列规定：

1)预制块铺置应在路堤沉降稳定后方可施工。

2)预制块铺置前应将坡面整平。

3)预制块经验收合格后方可使用。

4)预制块应与坡面紧贴，不得有空隙，并与相邻坡面平顺。

3　锚杆混凝土框架植草防护施工质量应符合8.6.8条的相关规定。

8.2.3　圬工防护

1　喷浆防护施工应符合下列规定：

1)喷护前应采取措施对泉水、渗水进行处治，并按设计要求设置泄水孔，排、防积水。

2)喷射顺序应自下而上进行。

3)砂浆初凝后，应立即开始养生，养护期一般为5～7d。

4)应及时对喷浆层顶部进行封闭处理。

2　喷射混凝土防护施工应符合下列规定：

1)作业前应进行试喷，选择合适的水灰比和喷射压力。喷射混凝土宜自下而上进行。

2)做好泄水孔和伸缩缝。

3)喷射混凝土初凝后，应立即养生，养护期一般为7～10d。

4)喷射混凝土防护施工质量应符合8.5.8条的相关规定。

3　锚杆挂网喷射混凝土(砂浆)防护施工应符合下列规定：

1)锚杆应嵌入稳固基岩内，锚固深度根据设计要求结合岩体性质确定。锚杆孔深应大于锚固长度200mm。

2)钢筋保护层厚度不宜小于20mm。

3)固定锚杆的砂浆应捣固密实，钢筋网应与锚杆连接牢固。

4)铺设钢筋网前宜在岩面喷射一层混凝土，钢筋网与岩面的间隙宜为30mm，然后再喷射混凝土至设计厚度。

5)喷射混凝土的厚度要均匀，钢筋网及锚杆不得外露。

6)做好泄、排水孔和伸缩缝。

7)锚杆挂网喷射混凝土(砂浆)防护施工质量应符合8.5.8条的相关规定。

4 干砌片石护坡施工应符合下列规定:

1)边坡为粉质土、松散的砂或粉砂土等易被冲蚀的土时,碎石或砂砾垫层厚度不宜小于100mm。

2)基础应选用较大石块砌筑,如基础与排水沟相连,其基础应设在沟底以下,并按设计要求砌筑浆砌片石。

3)砌筑应彼此镶紧,接缝要错开,缝隙间用小石块填满塞紧。

5 浆砌片(卵)石护坡施工应符合下列规定:

1)砂浆终凝前,砌体应覆盖,砂浆初凝后,立即进行养生。

2)路堤边坡采用浆砌片(卵)石护坡,宜在路堤沉降稳定后施工。

3)在冻胀变化较大的土质边坡上,护坡底面应铺设100~150mm厚的碎石或砂砾垫层。

4)浆砌片(卵)石护坡每10~15m应留一伸缩缝,缝宽20~30mm。在基底地质有变化处,应设沉降缝,可将伸缩缝与沉降缝合并设置。

5)泄水孔的位置和反滤层的设置应符合设计要求。

6 水泥混凝土预制块护坡施工应符合下列规定:

1)在寒冷地区,预制块混凝土强度等级不宜低于C20。

2)路堤边坡护坡宜在路堤沉降稳定后施工。

3)铺设混凝土预制块前应将坡面平整,碎石或砂砾垫层的厚度不宜小于100mm。

4)预制块应错缝砌筑,砌筑坡面应平顺,并与相邻坡面顺接。

5)泄水孔的位置应符合设计要求,并保证畅通。

7 浆砌片石护面墙施工应符合下列规定:

1)修筑护面墙前,应清除边坡风化层至新鲜岩面。对风化迅速的岩层,清挖到新鲜岩面后应立即修筑护面墙。

2)护面墙的基础应设置在稳定的地基上,地基承载能力不够时,应采取加固措施。基础埋置深度应根据地质条件确定,冰冻地区应埋置在冰冻深度以下至少250mm。

3)护面墙背必须与路基坡面密贴,边坡局部凹陷处,应挖成台阶后用与墙身相同的圬工砌补,不得回填土石或干砌片石。坡顶护面墙与坡面之间应按设计要求做好防渗处理。

4)应按设计要求做好伸缩缝。当护面墙基础修筑在不同岩层上时,应在变化处设置沉降缝。

5)泄水孔的位置和反滤层的设置应符合设计要求。

8 圬工防护质量

1)石料应选用未风化的硬质石料,砌筑应紧密、错缝,严禁通缝、叠砌、贴砌和浮塞,勾缝应均匀饱满、美观,坡面应平顺。

2)干砌片石施工质量应符合表8.2.3-1的规定。

3)浆砌砌体施工质量应符合表8.2.3-2的规定。

表 8.2.3-1 干砌片石施工质量标准

项次	检查项目	规定值或允许偏差	检查方法和频率
1	厚度(mm)	±50	每 $100m^2$ 抽查 8 点,
2	顶面高程(mm)	±30	水准仪:每 20m 抽查 5 点
3	外形尺寸(mm)	±100	每 20m 或自然段,长宽各测 5 点
4	表面平整度(mm)	50	2m 直尺:每 20m 测 5 点

表 8.2.3-2 浆砌砌体施工质量标准

项次	检查项目	规定值或允许偏差		检查方法和频率
1	砂浆强度	不小于设计强度		每 1 工作台班 2 组试件
2	顶面高程(mm)	料、块石	±15	水准仪:每 20m 抽查 5 点
		片石	±20	
3	底面高程(mm)	-20		
4	坡度或垂直度(%)	料、块石	0.3	吊垂线:每 20m 检查 5 点
		片石	0.5	
5	断面尺寸(mm)	料石、混凝土块	±20	尺量:每 20m 检查 5 点
		块石	±30	
		片石	±50	
6	墙面距路基中线(mm)	±50		尺量:每 20m 检查 5 点
7	表面平整度(mm)	料石、混凝土块	10	2m 直尺:每 20m 检查 5 处
		块石	20	
		片石	30	

8.2.4 封面、捶面防护

1 封面防护施工应符合下列规定:

1)封面防护不宜在严寒冬季和雨天施工。

2)封面前岩体表面要冲洗干净,土体表面要平整、密实、湿润。

3)封面厚度应符合设计要求,封面应分两层进行施工,底层为全厚的 2/3,面层为全厚的 1/3。封面厚度要均匀,表面光滑,封面与坡面应密贴稳固。

4)大面积封面宜每隔 5~10m 设伸缩缝,缝宽 10~20mm。

5)封面初凝后应立即进行养生。

6)按设计要求做好边坡封顶和排水设施。

2 捶面护坡施工应符合下列规定:

1)嵌补填平边坡坑凹、裂缝。

2)厚度要均匀,表面光滑,捶面与坡面应密贴稳固。

3)伸缩缝设置、边坡封顶、排水、养生方法、气候要求与封面防护施工要求相同。

3 封面、捶面防护施工质量应符合表 8.2.4 的规定。

表 8.2.4 封面、捶面防护施工质量标准

项次	检查项目	规定值或允许偏差	检查方法和频率
1	厚度	+20%、-10%	每 10m 检查 1 个断面,每 3m 检查 2 个点

8.2.5 膨胀土路基边坡防护

1 边坡施工应避开雨季作业,以防边坡遇水膨胀破坏。

2 边坡施工过程中,应注意做好防排水,顶部应及时封闭。

3 边坡修整后,应立即防护。

8.3 沿河路基防护

8.3.1 沿河路基防护工程基础应埋设在局部冲刷线以下不小于 1m 或嵌入基岩内。

8.3.2 导流构造物施工前,应根据现场具体情况,采取相应措施,避免冲刷农田、村庄、公路和下游路基。

8.3.3 植物防护施工应符合下列规定:

1 经常浸水或长期浸水的路堤边坡,不宜采用种草防护。

2 沿河路堤边坡铺草皮防护,宜采用平铺、叠铺草皮的方法,坡面及基础部分的铺置应符合设计要求。基础部分的铺置层的表面应与地面齐平。种植草皮应符合 8.2.1 条的规定。

3 植树防护宜采用带状或条形。防护河岸路基或防御风浪侵蚀,宜采用横行带状;防护桥头引道路堤,宜采用纵行带状。

4 植树应选用喜水性树种,林带应由多行树木组成,乔灌木要密植。

5 植树后,应采取有效措施加以保护。

8.3.4 砌石或混凝土防护除应符合 8.2.3 条有关规定外,还应符合下列规定:

1 石料应选用未风化的坚硬岩石。

2 开挖基坑时,应核对地质情况,与设计要求不符时,应进行处理。基础完成后应及时用符合设计要求的材料回填。

3 铺砌层底面的碎石、砂砾石垫层或反滤层,应符合设计要求。

4 坡面密实、平整、稳定后方可铺砌。砌块应交错嵌紧,严禁浮塞。砂浆应饱满、密实,不得有悬浆。

5 每 10~15m 宜设伸缩缝,基底土质变化处应设沉降缝,并按设计要求做好伸缩缝、沉降缝及泄水孔。

6 采用干、浆砌片石时,不得大面平铺,石块应彼此交错搭接,不得松动。采用干、浆砌河卵石时,必须长方向垂直坡面,成横行栽砌牢固。采用铺砌混凝土预制块时,应按设

计规格和要求检验合格后方可铺筑。就地浇筑混凝土板时，宜采取措施提高早期强度，混凝土表面应平整、光滑。

8.3.5 护坦防护施工中，护坦顶面应埋入计算河床以下 0.5～1.0m。

8.3.6 抛石防护施工应符合下列规定：

1 抛石体边坡坡度和石料粒径应根据水深、流速和波浪情况确定，石料粒径应大于300mm，宜用大小不同的石块掺杂抛投。坡度应不陡于抛石石料浸水后的天然休止角。

2 抛石厚度，宜为粒径的 3～4 倍；用大粒径时，不得小于 2 倍。

3 抛石石料应选用质地坚硬、耐冻且不易风化崩解的石块。

4 抛石防护除特殊情况外，宜在枯水季节施工。

8.3.7 石笼防护施工应符合下列规定：

1 根据设计要求或根据不同情况和用途，合理选用石笼形状。

2 应选用浸水不崩解、不易风化的石料。

3 基底应大致整平，必要时用碎石或砾石垫层找平。

4 石笼应做到位置正确，搭叠衔接稳固、紧密，确保整体性。

5 石笼防护施工质量应符合表 8.3.7 的规定。

表 8.3.7 石笼防护施工质量标准

项次	检查项目	规定值或允许偏差	检查方法和频率
1	平面位置(mm)	符合设计要求	经纬仪：按设计图控制坐标检查
2	长度(mm)	不小于设计长度 -300	尺量：每个(段)检查
3	宽度(mm)	不小于设计宽度 -200	尺量：每个(段)量 8 处
4	高度(mm)	不小于设计	水准仪或尺量：每个(段)检查 8 处
5	底面高程(mm)	不高于设计	水准仪：每个(段)检查 8 点

8.3.8 浸水挡土墙施工应符合下列规定：

1 浸水挡土墙应选用坚硬未风化且浸水不崩解的石块。

2 应注意浸水挡土墙与岸坡的衔接。

3 浸水挡土墙施工还应符合 8.4 节有关规定。

8.3.9 土工膜袋防护施工应符合下列规定：

1 按设计要求整平坡面，放线定位，挖好边界处理沟。

2 膜袋铺展后应拉紧固定，防止充填时下滑。

3 充填材料应根据设计要求和实际情况合理选用，充填应连续。

4　需要排水的边坡,应适时开孔设置排水管。

5　膜袋顶部宜采用浆砌块石固定。有地面径流处,坡顶应采取防护措施,防止地表水侵蚀膜袋底部。

6　岸坡膜袋底端应设压脚或护脚棱体,有冲刷处应采取防冲措施。

7　膜袋护坡的侧翼宜设压袋沟。

8　膜袋与坡面间应按设计要求铺设好土工织物滤层。

8.3.10　丁坝防护施工应符合下列规定:

1　施工前应制订合理的施工方案,合理安排工期,避免因工期过长引起农田、村庄、上下游路基冲刷。

2　丁坝坝头应做平面防护。

3　应处理好坝根与相连接的地层或其他防护设施的衔接。

4　丁坝间的河岸或路基边坡所承受的容许流速小于水流靠岸回流流速时,应缩短坝距或对河岸及路基边坡采取防护措施。

8.3.11　顺坝防护施工应符合下列规定:

1　顺坝与上下游河岸的衔接,应使水流顺畅,起点应选择在水流匀顺的过渡段,坝根位置宜设在主流转向点的上方。

2　坝根嵌入稳定河岸内的距离应符合设计要求,坝根附近河岸应防护加固至上游不受水流冲击处。

3　丁坝、顺坝施工质量应符合表8.3.11的规定。

表8.3.11　导流工程施工质量标准

项次	检查项目		规定值或允许偏差	检查方法和频率
1	砂浆强度(MPa)		不小于设计强度	每1工作台班2组试件
2	平面位置(mm)		30	经纬仪:按设计图控制坐标检查
3	长度(mm)		不小于设计长度-100	尺量:每个检查
4	断面尺寸		不小于设计	尺量:检查8处
5	高程(mm)	基底	不大于设计	水准仪:检查8点
		顶面	±30	

8.3.12　改移河道施工应符合下列规定:

1　改移河道工程应在枯水时期施工。一个旱季不能完成时,应采取防洪措施。

2　河道开挖应先挖好中段,然后再开挖两端,确认新河床工程已符合要求后,方可挖通其上游河段。

3　利用开挖新河道的土石填平旧河道时,在新河道未通流前,旧河道应保持适当的流水断面。

4　通流时,改河上游进口河段的河床纵坡宜稍大于设计坡度。

5 河床加固设施及导流构造物的施工应合理安排,及时配套完成。

8.4 挡土墙

8.4.1 挡土墙施工前,应做好截、排水及防渗设施。

8.4.2 在岩体破碎、土质松软或地下水丰富地段修建挡土墙,宜避开雨季施工。

8.4.3 明挖基坑应符合下列规定:

1 施工过程中应对地质情况进行核对,与设计不符时,应及时处理。

2 基坑开挖宜分段跳槽进行。

3 坑内积水应随时排干。

4 采用倾斜基底时,基底标高应按设计控制,不得超挖填补。

8.4.4 基底检验合格后,应及时进行下道工序施工。

8.4.5 挡土墙端部伸入路堤或嵌入地层部分应与墙体同时砌筑。挡土墙顶应找平抹面或勾缝,其与边坡间的空隙应用黏土或其他材料夯填封闭。

8.4.6 挡土墙与桥台、隧道洞门连接应协调施工,必要时应加临时支撑,确保与墙相接的填方或山体的稳定。

8.4.7 重力式挡土墙

1 基础施工应符合下列规定:

1)应将基底表面风化、松软土石清除。

2)硬质岩石基坑中的基础,宜满坑砌筑。

3)雨季在土质或易风化软质岩石基坑中砌筑基础时,应在基坑挖好后及时封闭坑底。当基底设有向内倾斜的稳定横坡时,应采取临时排水措施,辅以必要座浆后安砌基础。

4)采用台阶式基础时,台阶与墙体应连在一起同时砌筑,基底及墙趾台阶转折处不得砌成垂直通缝,砌体与台阶壁间的缝隙砂浆应饱满。

5)基坑应随砌筑分层回填夯实,并在表面留3%的向外斜坡。

2 墙身施工应符合下列规定:

1)墙身要分层错缝砌筑,砌出地面后基坑应及时回填夯实,并完成其顶面排水、防渗设施。

2)伸缩缝与沉降缝内两侧壁应竖直、平齐,无搭叠;缝中防水材料应按设计要求施工。

3)泄水孔应在砌筑墙身过程中设置,确保排水畅通,并应保证墙背反滤、防渗设施的施工质量。

4)当墙身的强度达到设计强度的75%时,方可进行回填等工作。在距墙背0.5~1.0m以内,不宜用重型振动压路机碾压。

3 砌体挡土墙施工质量应符合表8.4.7-1、表8.4.7-2的规定。

表8.4.7-1 砌体挡土墙施工质量标准

项次	检查项目		规定值或允许偏差	检查方法和频率
1	砂浆强度(MPa)		不小于设计强度	每1工作台班2组试件
2	平面位置(mm)		50	经纬仪:每20m检查墙顶外边线5点
3	顶面高程(mm)		±20	水准仪:每20m检查2点
4	垂直度或坡度(%)		0.5	吊垂线:每20m检查4点
5	断面尺寸		不小于设计	尺量:每20m量4个断面
6	底面高程(mm)		±50	水准仪:每20m检查2点
7	表面平整度(mm)	混凝土块、料石	10	2m直尺:每20m检查5处,每处检查竖直和墙长两个方向
		块石	20	
		片石	30	

表8.4.7-2 干砌挡土墙施工质量标准

项次	检查项目	规定值或允许偏差	检查方法和频率
1	平面位置(mm)	50	经纬仪:每20m检查5点
2	顶面高程(mm)	±30	水准仪:每20m检查5点
3	垂直度或坡度(%)	0.5	吊垂线:每20m检查4点
4	断面尺寸	不小于设计	尺量:每20m量4个断面
5	底面高程(mm)	±50	水准仪:每20m检查2点
6	表面平整度(mm)	50	2m直尺:每20m检查5处,每处检查竖直和墙长两个方向

8.4.8 悬臂式和扶壁式挡土墙

1 凸榫必须按照设计尺寸开挖,并与墙底板一同灌注混凝土。

2 现场整体浇筑时,每段墙的底板、面板和肋的钢筋应一次绑扎,宜一次完成混凝土灌注。当采用现场分段浇筑时,应按设计要求进行施工,并预埋好连接钢筋,连接处混凝土面应严格凿毛,并清洗干净。

3 灌注混凝土后,应按有关规定进行养护。墙体达到设计强度的75%以后方可进行墙背填土,并应按设计要求的填料和密实度分层填筑、压实;墙背排水设施应随填土及时施工。

4　现浇悬臂式和扶壁式挡土墙施工质量应符合表8.4.8的规定。

表8.4.8　现浇悬臂式和扶壁式挡土墙施工质量标准

项次	检查项目	规定值或允许偏差	检查方法和频率
1	砂浆强度(MPa)	不小于设计强度	每1工作台班2组试件
2	平面位置(mm)	30	经纬仪:每20m检查5点
3	顶面高程(mm)	±20	水准仪:每20m检查2点
4	垂直度或坡度(%)	0.3	吊垂线:每20m检查4点
5	断面尺寸(mm)	不小于设计	尺量:每20m量4个断面,抽查扶壁4个
6	底面高程(mm)	±30	水准仪:每20m检查2点
7	表面平整度(mm)	5	2m直尺:每20m检查3处,每处检查竖直和墙长两个方向

5　装配法施工应符合下列规定:

1)基础混凝土强度达到设计强度75%后,方可安装。

2)预制墙板与基础必须按设计要求连接牢固。

3)预制墙板预制、安装质量应符合8.4.12条"面板预制、安装施工质量标准"的规定。

8.4.9　锚杆挡土墙

1　锚杆应按设计尺寸下料、调直、除污、加工。

2　按照设计要求,在施工前应做锚杆抗拔力验证试验。

3　钻孔施工应符合下列规定:

1)施工前,应清除岩面松动石块,整平墙背坡面。

2)根据设计孔径及岩土性质合理选择钻孔机具。

3)孔轴应保持直线,孔位允许偏差为±50mm,深度允许偏差为-10~+50mm。

4)钻孔后应将孔内粉尘、石渣清理干净。

4　安装普通砂浆锚杆应符合下列规定:

1)锚杆应安装在孔位中心。

2)锚杆未插入岩层部分,必须按设计要求作防锈处理。

3)有水地段安装锚杆,应将孔内的水排出或采用早强速凝药包式锚杆。

4)砂浆应随拌随用。

5)宜先插入锚杆然后灌浆,灌浆应采用孔底注浆法,灌浆管应插至距孔底50~100mm,并随水泥砂浆的注入逐渐拔出,灌浆压强宜不小于0.2MPa。

6)砂浆锚杆安装后,不得敲击、摇动。普通砂浆锚杆在3d内,早强砂浆锚杆在12h内,不得在杆体上悬挂重物。必须待砂浆达到设计强度的75%后方可安装肋柱、墙板。

5 安装墙板时,应边安装墙板边进行墙背回填及墙背排水系统施工。

8.4.10 锚定板挡土墙

1 拉杆使用前应按规定取样试验。拉杆埋于土中部分,必须进行防锈处理。

2 吊装时应保证肋柱不前倾。

3 拉杆及锚定板埋设,应先填土后挖槽就位;挖槽时,锚定板比设计位置宜高30~50mm。锚定板前方超挖部分宜用C10水泥混凝土或灰土回填夯实。严禁直接碾压拉杆和锚定板。

4 肋柱、锚定板上的锚头及螺丝杆应作防锈处理和防水封闭。

5 分级平台应按设计要求进行封闭,并设2%的外倾排水坡。

8.4.11 加筋土挡土墙

1 安装直立式墙面板应按不同填料和拉筋预设仰斜坡,仰斜坡一般为1:0.02~1:0.05,墙面不得前倾。

2 拉筋应有粗糙面,并按设计布置呈水平铺设,当局部与填土不密贴时应铺砂垫平。钢拉筋与钢材外露部分应作防锈处理。连续敷设的拉筋接头应置于其尾部;拉筋尾端宜用拉紧器拉紧,各拉筋的拉力应大体均匀,但应避免拉动墙面板。

3 墙背拉筋锚固段填料宜采用粗粒土或改性土等填料。墙背填土必须满足设计压实度要求。

4 填料摊铺、碾压应从拉筋中部开始,平行于墙面碾压,先向拉筋尾部逐步进行,然后再向墙面方向进行,严禁平行于拉筋方向碾压。

5 填土分层厚度及碾压遍数,应根据拉筋间距、碾压机具和密实度要求,通过试验确定,严禁使用羊足碾碾压。靠近墙面板1m范围内,应使用小型机具夯实或人工夯实,不得使用重型压实机械压实。

6 当采用聚丙烯土工带时,拉带应平顺,不得出现打折、扭曲等现象,不得与硬质、棱角填料直接接触。

7 施工过程中随时观测加筋土挡土墙异常变化。

8.4.12 锚杆挡土墙、锚定板挡土墙、加筋土挡土墙施工质量应符合表8.4.12-1~表8.4.12-4的规定。

表8.4.12-1 筋带施工质量标准

项次	检查项目	规定值或允许偏差	检查方法和频率
1	筋带长度	不小于设计	尺量:每20m检查5根(束)
2	筋带与面板连接	符合设计要求	目测:每20m检查5处
3	筋带与筋带连接	符合设计要求	目测:每20m检查5处
4	筋带铺设	符合设计要求	目测:每20m检查5处

表 8.4.12-2　锚杆、拉杆施工质量标准

项次	检查项目	规定值或允许偏差	检查方法和频率
1	锚杆、拉杆长度	符合设计要求	尺量:每 20m 检查 5 根
2	锚杆、拉杆间距(mm)	±20	尺量:每 20m 检查 5 根
3	锚杆、拉杆与面板连接	符合设计要求	目测:每 20m 检查 5 处
4	锚杆、拉杆防护	符合设计要求	目测:每 20m 检查 10 处
5	锚杆抗拔力	抗拔力平均值≥设计值,最小抗拔力≥0.9 设计值	抗拔力试验:锚杆数量的 1%,并不少于 3 根

表 8.4.12-3　面板预制、安装施工质量标准

项次	检查项目	规定值或允许偏差	检查方法和频率
1	混凝土强度(MPa)	不小于设计强度	每台班 2 组试件
2	边长(mm)	±5 或 0.5%边长	尺量:长宽各量 1 次,每批抽查 20%
3	两对角线差(mm)	10 或 0.7%最大对角线长	尺量:每批抽查 20%
4	厚度(mm)	+5,-3	尺量:检查 4 处,每批抽查 20%
5	表面平整度(mm)	4 或 0.3%边长	2m 直尺:长、宽方向各测 1 次,每批抽查 20%
6	预埋件位置(mm)	5	尺量:检查每件,每批抽查 20%
7	每层面板顶高程(mm)	±10	水准仪:每 20m 抽查 5 组板
8	轴线偏位(mm)	10	挂线、尺量:每 20m 量 5 处
9	面板竖直度或坡度	+0,-0.5%	吊垂线或坡度板:每 20m 量 5 处
10	相邻面板错台(mm)	5	尺量:每 20m 面板交界处检查 5 处

注:面板安装以同层相邻两板为一组。

表 8.4.12-4　锚杆、锚定板、加筋土挡土墙总体施工质量标准

项次	检查项目		规定值或允许偏差	检查方法和频率
1	墙顶和肋柱平面位置(mm)	路堤式	+50,-100	经纬仪:每 20m 检查 5 处
		路肩式	±50	
2	墙顶和柱顶高程(mm)	路堤式	±50	水准仪:每 20m 测 5 点
		路肩式	±30	
3	肋柱间距(mm)		±15	尺量:每柱间
4	墙面倾斜度(mm)		+0.5%*H* 且不大于+50, -1%*H* 且不小于-100,见注	吊垂线或坡度板:每 20m 测 4 处
5	面板缝宽(mm)		10	尺量:每 20m 至少检查 5 条
6	墙面平整度(mm)		15	2m 直尺:每 20m 测 5 处,每处检查竖直和墙长两个方向
7	墙背填土:距面板 1m 范围内的压实度(%)		90	每 100m 每压实层测 2 处,并不得少于 2 处

注:平面位置和倾斜度“+”指向外,“-”指向内,*H* 为墙高。

8.5 边坡锚固防护

8.5.1 破碎且不平整的边坡,必须将松散的浮石和岩渣清除,用浆砌片石填补空洞,对坡面缝隙进行封闭处理。边坡修整后应平整、密实,无溜滑体、蠕变体和松动岩体。

8.5.2 边坡开挖和钻孔过程中,应对岩性及构造进行编录和综合分析,与设计相比出入较大时,应按规定处理。

8.5.3 修整边坡的弃渣应按有关规定堆放,不得污染环境。

8.5.4 钢筋制作与安装应符合《公路桥涵施工技术规范》(JTJ 041)的规定。

8.5.5 浇注混凝土时,模板应加支撑固定。

8.5.6 锚杆施工应符合下列规定:

1 孔深小于3m时,宜采用先注浆后插锚杆的施工工艺。注浆时,浆体除孔口200~300mm外,应均匀充满全孔。锚杆插入后应居中固定。杆体外露部分应避免敲击、碰撞,3d内不得悬吊重物,3d后才可安装垫板。

2 当孔深大于3m时,应按8.4.9条的相关要求施工。

8.5.7 预应力锚索应符合下列规定:

1 严禁使用有机械损伤、电弧烧伤和严重锈蚀的钢绞线。严禁将钢绞线及锚索直接堆放在地面或露天储存,避免受潮、受腐蚀。

2 施工前应按设计要求进行预应力锚索的锚固性能基本试验,确定施工工艺。

3 锚索束制作安装应符合下列规定:

1)锚索束制作宜在现场厂棚内进行。

2)下料应采用机械切割,严禁用电弧切割。

3)普通锚索束必须进行清污、除锈处理。

4)锚固段锚索束应按设计安装。

5)在锚索入孔前,必须校对锚索编号与孔号是否一致,做好标记。

6)锚索束必须顺直地安放在钻孔中心。

4 锚固端灌浆应符合下列规定:

1)放入锚索束后应及时灌浆。

2)无黏结锚索孔灌浆宜一次注满锚固段和自由段。

3)灌浆应饱满、密实。

5 锚索张拉应按设计要求进行,并应符合下列规定:

1)张拉设备必须按规定配套标定,标定间隔期不宜超过6个月。拆卸检修的张拉设备或压力表经受强烈撞击后,都必须重新标定。

2)孔内砂浆的强度未达到设计强度的75%时,不得进行张拉。

3)锚索张拉采用张拉力和伸长值进行控制,用伸长值校核应力,当实际伸长值大于计算伸长值的10%或小于5%时,应暂停张拉,查明原因并处理后,可继续张拉。

4)锚索锁定后,在48h内若发现有明显的预应力松弛时,应进行补偿张拉。

6 封孔应符合下列规定:

1)封孔灌浆应在锚索张拉、检测合格、锁定后进行。

2)封孔灌浆时,进浆管必须插到底,灌浆必须饱满。

3)封孔灌浆后,锚头部分应涂防腐剂,并按设计要求及时进行封闭。

8.5.8 边坡锚固防护施工质量应符合表8.5.8的规定。

表8.5.8 边坡锚固防护施工质量标准

项次	检查项目	规定值或允许偏差	检查方法和频率
1	混凝土强度(MPa)	不小于设计强度	每台班2组试件
2	注浆强度(MPa)	不小于设计强度	每台班2组试件
3	钻孔位置(mm)	100	钢尺:逐孔检查
4	钻孔倾角、水平方向角	与设计锚固轴线的倾角、水平方向角偏差为±1°	地质罗盘仪:逐孔检查
5	锚孔深度(mm)	不小于设计	尺量:抽查20%
6	锚杆(索)间距(mm)	±100	尺量:抽查20%
7	锚杆拔力(kN)	拔力平均值≥设计值,最小拔力≥0.9设计值	拔力试验:锚杆数1%,且不少于3根
8	喷层厚度(mm)	平均厚≥设计厚,60%检查点的厚度≥设计厚,最小厚度≥0.5设计厚,且不小于设计规定	尺量(凿孔)或雷达断面仪:每10m检查2个断面,每3m检查2点
9	锚索张拉应力(MPa)	符合设计要求	油压表:每索由读数反算
10	张拉伸长率(%)	符合设计要求;设计未规定时采用±6	尺量:每索
11	断丝、滑丝数	每束1根,且每断面不超过钢绞线总数的1%	目测:逐根(束)检查

8.6 土钉支护

8.6.1 开挖、成孔等过程中应随时观察地质、位移的变化,发现异常应及时采取措施。

大型土钉支护工程应进行施工监控。

8.6.2 施工中应采取有效措施加强安全防护,严禁大爆破、大开挖。

8.6.3 施工时应综合考虑排水系统,做好排水设施,疏导地表径流和地下水。

8.6.4 坡面开挖

1 坡面开挖应根据设计和实际地质情况确定分层深度及工作顺序。在完成上层作业面的土钉与喷射混凝土以前,严禁进行下一层深度的开挖。一次开挖深度不得大于设计中规定的边坡临界自稳高度,一次开挖长度也不得大于设计中规定的临界自稳长度。

2 进行土方开挖作业时,应保证边坡平整并符合设计坡率,严禁边壁出现超挖或造成边壁土体松动。

3 开挖面有软弱土层且垂直开挖时,应严格控制开挖高度和长度,开挖前应超前支护,开挖后应快速封闭。

8.6.5 土钉施工应符合下列规定:

1 施工前应按设计要求对土钉进行现场抗拉拔力验证试验。

2 钻孔完成后,应将孔内残浆、残渣等杂物清除干净。

3 安装土钉钢筋时,应连同注浆排气管按要求一并送入钻孔内。

4 孔内注浆应饱满,浆体强度应符合设计要求。

8.6.6 喷射混凝土面层应符合下列规定:

1 喷射混凝土粗集料最大粒径不宜大于16mm,水灰比不宜大于0.45,混凝土强度应符合设计要求。

2 混凝土喷射厚度,临时支护厚度不宜小于60mm,永久支护厚度不宜小于80mm,永久支护面钢筋的喷射混凝土保护层厚度应不小于50mm。

3 混凝土喷射每一层应自下而上进行。当混凝土厚度大于100mm时,应分两次喷射,在第二次喷射混凝土作业前,应清除结合面上的浮浆和松散碎屑。面层表面应抹平、压实修整。

4 喷射混凝土面层应在长度方向上每30m设伸缩缝,缝宽10~20mm。

5 土钉喷射混凝土除符合本规范要求外,还应满足《锚杆喷射混凝土支护技术规范》(GB 50086)的要求。

8.6.7 地梁、网格梁施工应符合下列规定:

1 地梁、网格梁槽施工应根据地质条件,确定合理开挖顺序及方案。

2 土钉钢筋与网格梁受力钢筋应连接牢固。

3　地梁、网格梁应及时养护。

8.6.8　土钉支护施工质量应符合表8.6.8的规定。

表8.6.8　土钉支护施工质量标准

项次	检查项目	规定值或允许偏差	检查频率和方法
1	水泥(砂)浆强度	满足设计要求	每工作班1组试件
2	喷射混凝土强度	满足设计要求	每100m^{3}取1组抗压试件,不足100m^{3}留1组抗压试件
3	水泥混凝土强度	满足设计要求	每工作台班2组试件
4	钢筋网网格	±10mm	抽检
5	钢筋网连接	绑接长度应不小于一个网格间距或200mm,搭焊焊缝长不小于网筋直径的10倍	抽检
6	土钉抗拔力	平均值不小于设计值,低于设计值的土钉数<20%,最低抗拔力不小于设计值的90%	见表注
7	土钉间距、倾角、孔深	孔位不大于150mm,钻孔倾角不大于2°,孔径:+20mm、-5mm,孔深:+200mm、-50mm	工作土钉的3%,钢尺、测钎和地质罗盘仪量测
8	喷射混凝土面层厚度	允许偏差-10mm	每10m长检查一个断面,每3m长检查一个点。钻孔取芯或激光断面仪测量
9	网格梁、地梁、边梁	外观平整,无蜂窝麻面,尺寸允许偏差+10mm、-5mm	每100m^{2}检查一个点,钢尺量测

注:土钉抗拔力检测按工作土钉总数量的1%进行抽检,且不得少于3根;抽检不合格的土钉数量超过检测数量的20%时,将抽检的土钉数增大到3%;如仍有20%以上的土钉不合格,则该土钉支护工程为不合格工程,应采取处理措施。

8.7　抗滑桩

8.7.1　桩基开挖过程中,应随时核对滑动面情况,及时进行岩性资料编录,当其实际情况与设计不符时,应进行处理。

8.7.2　抗滑桩施工准备应符合下列规定:

1　施工宜在旱季进行;雨季施工时,孔口应搭雨棚,做好锁口,孔口地面上加筑适当高度的围埂。

2 应备好各项工序的机具、器材和井下排水、通风、照明设施,落实人员配备、施工组织计划。

3 应整平孔口地面,设置地表截、排水及防渗设施。

4 应对滑坡变形、移动进行监测。

8.7.3 开挖及支护应符合下列规定:

1 应分节开挖,每节高度宜为0.6~2.0m,分节不宜过长,不得在土石层变化处和滑动面处分节,挖一节立即支护一节。

2 护壁应经过设计计算确定,应考虑到各种不利情况。护壁混凝土应紧贴围岩灌注,灌注前应清除孔壁上的松动石块、浮土。围岩较松软、破碎、有水时,护壁宜设泄水孔。

3 开挖应在上一节护壁混凝土终凝后进行,护壁混凝土模板的支撑应在混凝土强度达到能保持护壁结构不变形后方可拆除。

4 在围岩松软、破碎和有滑动面的节段,应在护壁内顺滑动方向用临时横撑加强支护,并经常观察其受力情况,及时进行加固。

5 开挖桩群应从两端沿滑坡主轴间隔开挖,桩身强度不低于设计强度的75%时可开挖邻桩。

6 弃渣严禁堆放在滑坡范围内。

8.7.4 灌注桩身混凝土应符合下列规定:

1 灌注前,应检查断面净空、清洗混凝土护壁。

2 钢筋笼搭接接头不得设在土石分界和滑动面处。

3 灌注必须连续进行。

8.7.5 桩间支挡结构及与桩相邻的挡土、排水设施等,均应按设计要求与抗滑桩正确连接,配套完成。

8.7.6 桩板式抗滑挡墙

1 桩身混凝土应达到设计强度后方可安装挡土板,挡土板安装时,应边安装边回填,并做好施工板后排水设施。

2 当桩间为土钉墙或喷锚支护时,桩间土体应分层开挖、分层加固;当锚固桩上部设有多排锚索(杆)时,应待上一排锚索(杆)施工完成后,才可开挖下一层的桩前土体。

3 锚索(杆)桩板式路堤挡土墙,应严格控制墙背填土的压实度,压实时不得直接碾压锚索(杆)。

8.7.7 抗滑桩施工质量应符合表8.7.7的规定。

表 8.7.7 抗滑桩施工质量标准

项次	检查项目		规定值或允许偏差	检测方法和频率
1	混凝土强度		满足设计要求	每工作台班 2 组试件
2	桩长		不小于设计	测绳量:每桩测量
3	孔径或断面尺寸		不小于设计	探孔器:每桩测量
4	桩位(mm)		+100	经纬仪:每桩测量桩检查
5	竖直度(mm)	钻孔桩	1%桩长,且不大于 500	测壁仪或吊垂线:每桩检查
		挖孔桩	0.5%桩长,且不大于 200	吊垂线:每桩检查
6	钢筋骨架底面高程(mm)		±50	水准仪:测每桩骨架顶面高程后反算

9 路基安全施工与环境保护

9.1 一般规定

9.1.1 工程开工前必须进行现场调查,根据施工地段的地形、地质、水文、气象、环境等,制订相应的安全技术和环境保护措施。施工中应及时掌握气温、雨雪、风暴、汛情等预报,做好防范工作。

9.1.2 路基施工前,应了解施工范围内地下埋设的各种管线、电缆、光缆等情况并与相关部门联系,制订合理的安全保护措施。施工中如发现有危险品及其他可疑物品时,应立即停止施工,报请有关部门处理。

9.1.3 应按照国家有关规定配置消防设施和器材、设置消防安全标志。施工现场应设置醒目的安全、警示标志和安全防护设施。

9.2 安全施工

9.2.1 路基施工应制订安全预案、具备安全生产条件,确保施工安全。

9.2.2 施工现场的临时用电,应严格执行现行《施工现场临时用电安全技术规范》(JGJ 46)。夜间施工时,现场应设有保证施工安全要求的照明设施。

9.2.3 施工便道、便桥应设立警示和交通标志,必要时应设专人维护、指挥交通。施工车辆必须遵守道路交通法规。

9.2.4 施工作业人员,必须遵守本工种的各项安全技术操作规程。作业人员、进入现场人员必须按规定佩戴和使用劳动防护用品。由人工配合机械进行辅助作业时,作业人员应注意观察,严禁在机械正在作业的范围内进行辅助作业。

9.2.5 多台机械同时作业时,各机械之间应注意保持必要的安全距离。机械在路基边坡、边沟、基坑边缘、不稳定体(地段)上作业时,应采取必要的安全措施。

9.2.6 在靠近结构物处挖土时,必须采取安全防护措施。对于在路基范围内暂时不能迁移的结构物,应留出土台,土台周围应设警示标志。

9.2.7 结构物基坑开挖,应根据土质、水文和开挖深度等选择安全的边坡坡度或支撑防护,在施工过程中进行监测,并及时采取相应的处理措施。开挖弃土或坑边材料的堆放不得影响基坑的稳定。沟槽(基坑)开挖深度超过 2m 时,其边缘上面作业应按高处作业要求进行安全防护并设置警告标志。开挖沟槽(基坑)位于现场通道或居民区附近时,应设置安全护栏。

9.2.8 采用围堰法施工沿河路基防护基础时,应制订针对出现洪水、渗漏水、流砂、涌砂、围堰变形等情况的安全预案。

9.2.9 作业高度超过 1.2m 时,应设置脚手架,脚手架应通过专业设计,必须进行强度、刚度及稳定性等方面的验算。施工过程中,对脚手架应经常检查,发现松动、变形或沉陷应及时加固。

9.2.10 用提升架运送石料时,应有专人指挥和操作,严禁超负荷运行。严禁使用提升架载人。临时起吊设备的制作、安装必须符合国家相关规定。

9.2.11 砌筑作业时,脚手架下不得有人操作及停留,不得重叠作业。砌筑护坡时,严禁在坡面上行走,不得采用从上向下自由滚落的方式运输材料。

9.2.12 喷浆作业时,应密切注意压力表变化,出现异常时,应停机、断电、停风,并及时排除故障。作业区内严禁在喷浆嘴前方站人。

9.2.13 预应力张拉时,预应力张拉设备必须安装牢固,千斤顶近旁严禁站人,无关人员不得进入现场。

9.2.14 预制构件安装前,应根据现场条件制订详细的吊装方案,所有起重设备必须符合国家关于特种设备的安全管理规定。

9.2.15 拆除作业应制订安全可靠的拆除方案。拆除的废弃物应运到指定地点。

9.2.16 爆破作业

1 进行爆破工程设计时,应制定安全技术操作规程,爆破作业应严格执行现行《爆破安全规程》(GB 6722),确保爆破安全。

2 爆破作业人员必须持证上岗。进行爆破器材保管、加工、运输及爆破作业的人员,不得穿戴易产生静电的衣物。

3 爆破器材应按规定要求进行检验,失效和不符合技术条件要求的不得使用。

4 选择炮位时,炮孔应避开正对的电线、路口、结构物,严禁在残眼上打孔。

5 爆破时,应清点爆炸数与装炮数量是否相符。发生哑炮时,必须按相关规定进行处理。如发现危坡、危石等,应按规定及时处理,未处理前,应在现场设立警戒或危险标志,无关人员不得接近。

6 清方过程中,发现有哑炮、残药、雷管时,必须及时请爆破人员进行处理。

7 已装药的炮孔必须当班爆破。

8 夜间不宜进行爆破作业。遇雷雨时应停止爆破作业,所有作业人员应立即撤离爆破区。

9.3 环境保护

9.3.1 防止水土污染和流失

1 施工前,应制订相应的预防水土污染和水土流失措施,考虑土地资源的合理利用,缩短临时占地使用时间。

2 在崩塌滑坡危险区和泥石流易发区,严禁取土、挖砂、采石。

3 施工过程中,各种排水沟渠的水流不得直接排放到饮用水源、农田、鱼塘中。

4 不得随意丢弃生产及生活垃圾,垃圾的掩埋或处理,应按当地环保部门的要求进行。不得随意排放含油废水及生活污水。

5 使用工业废渣填筑路基,当废渣中含有可溶性有害物质,可能造成土质、水污染时,应采取措施,予以处理。

6 在自然保护区、森林、草原、湿地及风景名胜区进行施工时,应遵守国家环境保护的相关规定。

9.3.2 噪声、空气污染的防治

1 在居民聚居区或其他噪声敏感建筑物附近施工时,当噪声超过规定时,应及时采取措施,减少施工活动对沿线居民的干扰。

2 对施工作业人员,在噪声较大的现场作业时,应采取有效防护措施。

3 路基施工过程中应采取措施控制扬尘、废气排放等。

4 路基施工堆料场、拌和站、材料加工厂等宜设于主要风向的下风处的空旷地区。当无法满足时,应采取必要的环保措施。

5 粉状材料运输应采取措施防止材料散落。

6 粉煤灰、石灰等在露天堆存时,应采取防尘、防水措施。

7 采用粉状材料作为路基填料或对路基填料进行现场改良施工时,应避免在大风天作业,施工人员应佩戴防尘口罩等劳动保护用品,并采取环境保护措施。

9.4 生物保护

9.4.1 施工前,应采取相应措施对位于路基范围内的珍稀植物进行保护。

9.4.2 施工中严禁随意采摘、破坏野生植物资源及捕猎野生动物。

9.4.3 在有国家级保护野生动物出没的路段,应按规定做好相关保护工作。

9.4.4 砍伐林木必须符合相关法规的要求,不得随意砍伐。

9.4.5 在草、木较密集的地区施工时,应遵守护林防火规定。

9.5 文物保护

9.5.1 在文物保护区周围进行施工时,应制订相应的保护措施,严防损毁文物古迹。

9.5.2 施工中发现文物时,应暂停施工,保护好现场,并立即报告当地文物管理部门研究处理,不得隐瞒不报或私自处置。

10 路基整修与交工验收

10.1 路基整修

10.1.1 路基交工验收前,应对外观质量和局部缺陷进行整修或处理。

10.1.2 路基顶面表层的整修,应根据质量缺陷的具体情况采用合理的方案、工艺进行。补填的土层压实厚度应不小于100mm,压实后表面应平整,不得松散、起皮。

10.1.3 整修后的坡面应顺适、美观、牢固,坡度符合设计要求。

10.1.4 防护与支挡工程应检查石料风化情况、泄水孔是否通畅、结构物是否有变形和位移等,如果有质量缺陷应进行处理。

10.1.5 永久性排水系统的沟、槽,表面应整齐,沟底平整,排水畅通不渗漏,如有质量缺陷应进行处理。

10.1.6 应对临时工程和设施进行合理处置,使之与原地形以及自然环境协调。

10.2 交工验收

10.2.1 分项工程、分部工程、单位工程完成后,应按有关规定进行中间检查验收。

10.2.2 交工验收前应恢复施工段内的导线点、水准点,以及验收中要求和可能需要的其他标志桩。

10.2.3 交工验收前应按照本规范及《公路工程质量检验评定标准》(JTG F80/1)的要求进行自检,自检合格后,编制符合要求的交工资料,申请进行交工验收。

10.2.4 交工验收应按照交通部《公路工程竣(交)工验收办法》和《公路工程质量检验评定标准》(JTG F80/1)有关规定执行。

10.2.5 设计文件和本规范要求进行监测的项目,应按要求进行跟踪监测。

附录 A 本规范用词说明

A.0.1 对执行规范条文严格程度的用词采用以下写法：

1 表示很严格，非这样做不可的用词：
正面词采用“必须”；反面词采用“严禁”。

2 表示严格，在正常情况下均应这样做的用词：
正面词采用“应”；反面词采用“不应”或“不得”。

3 表示允许稍有选择，在条件许可时首先应这样做的用词：
正面词采用“宜”；反面词采用“不宜”。

4 表示稍有选择，在一定条件下可以这样做的用词：
采用“可”。

A.0.2 条文中应按指定的其他有关标准、规范的规定执行，其写法为“应按……执行”或“应符合……的要求(或规定)”。

如非必须按指定的其他有关标准、规范的规定执行，其写法为“可参照……”。

附件

《公路路基施工技术规范》

（JTG F10—2006）

条 文 说 明

1 总则

1.0.1 路基作为公路工程的主要组成部分,其施工质量的好坏,将直接影响到公路的使用质量和服务水平,而路基施工的影响因素又比较复杂,所以制定施工技术规范,规范其施工行为,使施工做到技术先进、经济合理、安全环保,对于确保质量是非常必要的。

1.0.2 本规范的适用范围是根据《公路工程技术标准》确定的。

1.0.3 公路作为基础设施,需要为社会提供良好的服务,而路基作为公路的主要组成部分,就必须满足设计要求,故该条作了相应规定。本规范中施工质量标准表中“检查频率”为推荐的质量抽检频率。

1.0.4 公路路基为线状构造物,在施工期间,人员、设备多且分散,相互干扰大,施工环境艰苦,工序多、工艺复杂,管理难度大,因此安全管理显得尤为重要,故本条提出了相关要求。

1.0.5 公路路基施工为野外作业,影响施工人员职业健康和安全的因素较多,故该条作了明确规定。

1.0.6 我国人均耕地少,因此,在施工中应重视土地的节约,保护农田水利设施,在施工中宜合理规划取土,改荒地造耕地,或改旱地为水田或鱼塘,达到合理取土、节约土地的目的。

1.0.7 文物是国家的一种特殊财产,必须得到保护,但是由于地下文物具有不可见性和不可恢复性,故该条作了明确规定。

1.0.8 公路路基施工是一个复杂的系统工程,为了确保工程质量,该条提出了相关要求。

1.0.9 成熟实用的新技术、新工艺、新材料和新设备的推广使用,会极大地推进技术进步,提高工程质量水平和工效,故本条作了明确规定。

1.0.10 特殊路段路基施工,具有变化因素多、施工方案难以和现场情况完全吻合等特点,故本条作了明确规定。

3 施工准备

3.1 一般规定

3.1.1 为了更好地领会设计意图,施工单位在认真审图和现场踏勘的基础上,复杂工程可要求设计单位进行设计交底。经现场核对和仔细调查后,如发现工程地质、地形和水文资料与设计有较大出入时,可要求澄清或者提出变更设计。因变更设计可能涉及到质量、工期、投资三大目标的控制,所以,必须根据相关规定进行。

3.1.2 被批准的实施性施工组织设计是施工管理的纲领性文件,故该条作了明确规定。

3.1.4 如果原有道路、农田水利设施的正常功能受到影响,不但会产生群众纠纷,影响进度,而且,势必造成对路基施工的干扰,影响安全和路基质量,故该条作了明确规定。

3.2 测量

3.2.1 现场交桩是设计与施工衔接的一个重要环节,交桩一般要有交桩记录,并经设计、监理、施工单位三方签字。如发现交桩成果有误,一般应会同监理联合测量后确认。

3.2.2 仅列出控制测量的主要的技术要求,为保证控制网点的精度要求,在测量中应严格按照《公路勘测规范》的规定进行。

3.2.3、3.2.4 从设计勘测到开始施工有一定的间隔时间,某些控制桩点有可能偏位、移位或者丢失,完全有必要对交桩成果进行实地查找、确认、复测、补充,以利施工。

3.2.5、3.2.6 中线和横断面放样,是正确进行施工组织的前提,同时,纵横断面复测与补测可同时复核地面标高、工程量。

3.3 试验

3.3.1 建立符合相关规定资质要求的试验室,是确保工程质量的重要保证,因此,施工前,施工单位应按照合同要求,建立试验室。

3.3.2 试验内容和目的是鉴别基底土层是否能满足设计要求和本规范提出的基本要求。

3.3.3 不同性质的土会有不同的压实特性,对土质差别比较大的填料应按照有关规定进行土质试验。条文中仅规定了一般填料的试验项目,对于特殊土(如黄土、软土和膨胀土等)还应进行相关试验以确定其性质及处治方案。对直接用于填筑的填料中易溶盐含量有明确的规定,如确需使用,应进行试验以确定其性质及处治方案。当不能根据目测、手摸及嗅感来判断填料中是否含有有机质时,应进行试验。

3.3.4 使用特殊材料作为填料时,除材料本身的性质、质量满足其本身的标准外,还应确保其不影响路基的强度、稳定性、耐久性。利用工业废渣等填筑材料前,应进行环境评估,经地方政府和甲方批准后才能施工。

3.4 场地清理

3.4.1 对于公路用地范围内的构造物,设计会有相应的要求,施工应严格按设计要求进行处理。

3.4.2 树根及其坑穴处理的好坏直接影响到路基的稳定性,故该条作了明确规定。

3.4.3 种植土可作为中央分隔带、边坡等种植草皮的备用土。

3.5 试验路段

3.5.1

3 特殊地段路堤主要指本规范第6章特殊路基施工中特殊地质、特殊气候条件下的路基。

4 特殊填料是指具有与一般土质不同工程特性的填料,如煤矸石等。

5 推广使用新技术、新工艺、新材料,应有成熟经验,并经过专家论证。

3.5.3 试验报告内容可根据实际需要适当增减,但要全面、真实地反映试验情况。通过试验段施工,如发现设计有不合理、可以修正的内容,可报请修改设计。

4 一般路基施工

4.1 一般规定

4.1.1 路基土方施工期间,应始终保持场地良好状态,合理修建临时排水沟,以确保不受水浸泡、冲刷损坏。路堑的截水、排水沟是为路基稳定而设,故应及时修建。

4.1.2 路堤填料的规定

路基土指标应按现行《公路土工试验规程》(JTJ 051)进行测试。

1 条文所列的填料均影响路基质量,必须严格控制。

3 该类土的透水性很差,干时坚硬,不易挖掘;并具有较大的可塑性、黏性和膨胀性,毛细现象很显著;浸水后能较长时间保持水分,承载力很小,不宜作为路堤填料。如缺乏好的填料时,可采取掺石灰、固化材料等技术措施,对这些黏性土进行砂化处理,以改善土质提高其强度,满足设计要求。

4.2 路堤施工

4.2.1 施工取土

3 自行选定取土方案的规定

3)为保证路堤边坡的稳定,故条文作了各种规定。护坡道是路堤结构的组成部分,不可忽略。

4.2.2 土质路堤

1 地基表层处理

基底原状土的 CBR 不满足表 4.1.2 的规定时,应进行处理。

路堤基底的天然密度小于条文的规定时,应进行压实,以保证路堤基础的强度。

地下水位较高时,应按设计要求进行处理,如:设置稳定层、隔离层;或采用无机结合料(生石灰粉、水泥等固化材料)对填料进行改良;或选用水稳性好的填料等。

土质地基均应做成不小于 2% 的横坡,并碾压密实。

地下水要有详细记录,以便完工后进行观察,为维修或必要时继续处理提供依据,避免造成返工浪费。

2 路堤填筑

1)路堤填筑使用不同的填料应采用适宜的施工工艺,不合理的施工工艺会造成路基出现不均匀沉降、水囊现象和不稳定的滑动面等病害。

采用分层并按规定的层厚填筑,可得到均匀的压实度。如填层过厚,则填层底部不易达到要求的压实度。土方顶面如太薄,则易起皮剥离,影响路基质量。

5)土质路基如按设计断面尺寸填筑,路基边缘部分的压实度很难达到规定要求,实际上等于缩小了路基断面,使路基质量受到影响。应采取适当增加碾压宽度等有效措施保证全断面的压实质量。

6)地面的自然坡度较大时,原地面应按设计挖成台阶,以保证填方土体的稳定。每级台阶高度可取压实机具一层压实厚度的整倍数,如小型夯实机具一层压实厚度为150mm,台阶高以300mm为宜。

3 碾压机械通常可分为静碾型、振碾型和夯实型,各有其适用场合。各种土质适宜的碾压机械配套可参考表4-1。

表4-1 各种土质适宜的碾压机械表

土的类别 机械名称	细粒土	砂类土	砾类土	巨粒土	备注
6~8t两轮光轮压路机	A	A	A	A	用于预压整平
12~18t三轮光轮压路机	A	A	A	B	最常使用
25~50t轮胎压路机	A	A	A	A	最常使用
羊足碾	A	C或B	C	C	粉、黏土质砂可用
振动压路机	B	A	A	A	最常使用
凸块式振动压路机	A	A	A	A	最宜使用于含水量较高的细粒土
手扶式振动压路机	B	A	A	C	用于狭窄地点
振动平板夯	B	A	A	B或C	用于狭窄地点,机械质量800kg的可用于巨粒土
手扶式振动夯	A	A	A	B	用于狭窄地点
夯锤(板)	A	A	A	A	夯击影响深度最大
推土机、铲运机	A	A	A	A	仅用于摊平土层和预压

注:1.表中符号:A代表适用;B代表无适当的机械时可用;C代表不适用。

2.土的类别按《公路土工试验规程》(JTJ 051)的规定划分。

3.对黄土(CLY)、膨胀土(CHE)、盐渍土等的压实机械选择可按细粒土考虑。

4.自行式压路机宜用于一般路堤、路堑基底的换填等的压实,宜采用直线式进退运行。

5.羊足碾(包括凸块式碾、条式碾)应有光轮压路机配合使用。

几种碾压机具适应的松铺厚度如下:

羊足碾(6~8t)	≤0.50m
振动压路机(10~12t)	≤0.40m
压路机(8~12t)	0.20~0.25m
压路机(12~15t)	0.25~0.30m

动力打夯机　　　　　　　　　0.20～0.25m

人工打夯　　　　　　　　　　≤0.20m

4　土质路基压实度标准

条文中表4.2.2-1土质路基压实度标准是《公路工程技术标准》(JTG B01—2003)规定的。

该标准将高速公路、一级公路1.5m以下的路堤压实度标准从90%提高到93%,1.5m以上各层分别提高一个百分点;二级公路1.5m以下从90%提高到92%,0.8～1.5m从90%提高到94%,0～0.8m从93%提高到95%;三、四级公路也作了一些调整。

表中"零填及挖方路基0.3～0.8"的压实度标准是指该层原状土(路床顶面以下0.3～0.8m)如果必须进行处理(例如:施工设计图要求或者现场变更设计后),处理后应该达到的压实度;如果不需要进行处理,其压实度按4.2.2条第1款规定执行。

5　压实度检测

1)压实度以重型击实标准为准,试样应具有代表性,至少应取一组。

2)压实度检测频率,原规范为每2 000 m^2检验8点,而在实际施工过程中,压实度检测工作由于检测点过多,往往很难满足机械化施工和施工进度的要求。为了既不降低对压实质量的要求,又适应机械化施工的需要,本次修订时,经专家充分讨论,将检测频率修改为每1 000 m^2至少检验2点。如认为该规定不能满足要求,可根据实际情况提高检测频率。

6　路基压实的最终目的是保证路基的整体强度——回弹模量或弯沉值应达到铺筑路面垫层或底基层的要求。因为测验回弹模量的操作比较复杂,费时较多,故条文规定土质路基顶面完成后应进行弯沉检验。弯沉值与土基回弹模量之间的相关关系应按路面设计规范规定的公式换算,当无规定时可参照下列回归方程换算:

$$l_0 = 9\ 308 \times E_0^{-0.938} \tag{4-1}$$

式中:E_0——土基回弹模量(MPa);

l_0——路床顶面实测弯沉值,设计标准轴载以双轮组单轴100kN车测试值(1/100mm)为准。

若弯沉检验时不是不利季节,应先将此弯沉值换算的土基回弹模量值乘以季节影响系数,换算为不利季节的土基回弹模量值。

4.2.3　填石路堤

1　对于石灰岩一类硬质岩,在路堤填筑区,最大粒径宜控制在350～500mm,不均匀系数宜控制在15～20范围内较好,同时粒径大于200mm的填料含量应控制在20%～40%,粒径在20mm以下的填料含量应控制在10%～15%范围内。对于砂岩在路堤填筑区,最大粒径宜控制在300～400mm,不均匀系数宜控制在15～20范围内较好,同时粒径大于200mm的填料含量应控制在20%～30%,粒径在20mm以下的填料含量应控制在10%～20%范围内。

路床底面以下一定范围控制填料粒径,可以提高路床的平整度,使其受力均匀,并有利于与路面底层的联结。

2 由于填石路堤的填料比较坚硬,压实难度大且透水性强,水容易从路面、边坡等部位进入基底使路基湿软以致造成不均匀沉降,为防止地基承载力不足而导致路基整体工后沉降过大或失稳破坏,因此除了满足4.2.2条第1款的规定外,还应满足不同路堤填高对地基承载力的要求:路堤高度小于10m时,地基承载力不宜低于150kPa;路堤高度为10~20m时,地基承载力不宜低于200kPa;路堤高度大于20m时,路基宜填筑在岩石地基上。

当为细粒土地基时,应按设计要求设过渡层;当为岩石和细粒土组合地基时,应将岩石凿平,并在细粒土部位设过渡层。注意路堤基底范围内,可能因地面水或地下水影响路基的稳定时,应采取必要的引排、拦截等措施或在路堤底部填筑不易风化的、透水性好的填料。

3 填筑

1)在实际施工中,沉降差可以这样测定:以每个横断面的测量数据为基本分析单位。在对松铺层初平初压后,在同一横断面上选7~11点测量初始标高,终压完成后,在对应初始标高的测量点上测量终压标高,将终压标高减去初始标高并综合平均后,作为该断面的沉降差。

填石路堤的填料石质、压实及摊铺机具的功率是影响填筑层厚和最大粒径的主要因素。广东省高速公路的科研成果提出,使用推土机、振动压路机时,对不同强度石料的填石路堤的压实层厚以及摊铺、压实机具要求见表4-2~表4-4。

表4-2 硬质石料填石路堤

路床顶面以下深度	路堤分区	最大松铺层厚(mm)	最大粒径(mm)	施工机具	
				振动压路机(t)	推土机(kW)
>1.5m	下路堤	800	500	≥16	≥250
		600	400	≥14	≥200
0.80~1.5m	上路堤	600	400	≥16	≥250
		500	300	≥14	≥200

表4-3 中硬石料填石路堤

路床顶面以下深度	路堤分区	最大压实层厚(mm)	最大粒径(mm)	施工机具	
				振动压路机(t)	推土机(kW)
>1.5m	下路堤	600	500	≥16	≥200
		500	400	≥14	≥150
0.8~1.5m	上路堤	500	400	≥16	≥200
		400	300	≥14	≥150

表4-4 软质石料填石路堤

路床顶面以下深度	路堤分区	最大压实层厚(mm)	最大粒径(mm)	施工机具	
				振动压路机(t)	推土机(kW)
>1.5m	下路堤	500	500	≥14	≥200
0.8~1.5m	上路堤	400	400	≥14	≥150

注:除硬质石料路堤表中的层厚为松铺层厚外,其余两表中的层厚为压实后的层厚。

高填石路堤的施工,有条件时也可采用冲击压路机进行分层填筑与压实。冲击压路机碾压后的路基表层平整度差,只适宜在上路床以下部位施工,对于冲压后的松散表层不必重新刮平、压实即可进行上一层的填筑。

国内一些科研单位对不同强度填石材料进行了试验,试验证明,在压实机具和摊铺机具满足要求的情况下,填石路堤可以根据石料强度、填筑部位,采用较厚的层厚进行施工。

3)填石路堤的填筑方式有逐层填筑压实和倾填(含抛填)两种。倾填又可分为石块从岩面爆破后直接散落在准备填筑的路堤内,和用推土机将爆破后堆放在半路堑上的石块以及用自卸汽车从远处运来的爆破石块推入路堤两种情况。无论是哪种倾填情况,由于石料是从高处自然落下,石料间难免犬牙交错,空隙较大,故倾填路堤后的压实、稳定等问题较多。二级及二级以上公路不得采用倾填方式,只允许在特殊困难条件下二级以下的公路使用。

5)填石路堤的边坡部位常常是摊铺、压实的薄弱环节,使用常规的施工方法,很难使边坡部位密实和平顺。因此中等强度以上的石料应进行边坡码砌。边坡码砌的石料应整齐、不易风化。边坡码砌一般采用干砌的方式。

7)在粗粒料的填石路堤上面填细粒土时,宜设过渡层。已有的资料表明:当 R15/F85 > 5 时,必须设置过渡层。该过渡层应满足 M15/F15 > 5、M15/F85 < 5。

注:R15 为粗粒料中通过率 15%的粒径;

M15 为过渡层材料通过 15%时的粒径;

F15 为细粒料中通过率 15%的粒径;

F85 为细粒料中通过率 85%的粒径。

填石路堤之上的填土,应在填石顶面上与填土之间设 2~3 层碎石过渡层。如填石路堤最大粒径为 300mm,层厚为 500mm,则过渡层厚 400mm。第一过渡层可设粒径为 150mm,厚 250mm;第二过渡层可设粒径为 60mm,厚 150mm。

4 填石路堤施工质量

1)表 4.2.3-1 引自《公路路基设计规范》(JTG D30—2004)。

对于填石材料,采用孔隙率控制质量较为合适。采用孔隙率指标,可以不进行填料最大干密度试验,对填石料的压实质量同样可以进行较好的控制。

填料孔隙率计算公式如下:

$$\eta = \frac{e}{1+e} = 1 - \frac{\rho_d}{G} \tag{4-2}$$

式中:η——孔隙率;

e——孔隙比;

ρ_d——填料干密度;

G——填料视密度。

近年来,在福建福泉高速公路、广东京珠高速公路、广西柳桂高速公路修建的填石路堤试验路,研究了花岗岩、石灰岩、红砂岩等填石材料用孔隙率作为质量控制指标的压实质量标准及相应的施工工艺、质量控制方法,通车运行几年来,路基稳定、路面完好。

目前填石路堤检测压实质量常用干密度、沉降差、面波等单一方法进行质量检测,均存在一些不足。填石路堤的压实功率、碾压速度、压实遍数、铺筑厚度等施工工艺参数结合沉降差对压实质量的控制有好的效果。

压实沉降差与碾压遍数、填石料的干密度有很好的相关关系，据福建、广东试验工程统计，相关系数为95%，在压实机具不变的情况下，可以较好地控制实际的压实遍数。但压实沉降差还应与施工工艺参数同时进行控制，才能有效地保证填石路堤的压实质量。由于沉降差受填料岩性、粒径组成、压实机械吨位、激振力大小、压实遍数、松铺层厚等施工因素的影响，因此必须通过试验路确定。

填石路堤压实质量采用压实干密度孔隙率指标检测时，就必须挖大坑（最大粒径的1.5~2倍）采用水袋法进行，用于施工过程控制难度较大。

规范条文规定填石路堤的压实质量检测标准，在试验路修筑时采用孔隙率指标进行检验，确定相应的施工工艺参数与压实沉降差作为路堤施工时的压实质量检测控制指标。正常施工过程中每一压实层的质量检测要求应以快速、方便为主，而沉降差与工艺参数相结合的双控检测方法，是合理、准确的施工质量检测方法。同时配合外观检查，对填石路堤的压实质量控制就能达到预定的效果。

施工时建议采用18t以上的重型振动压路机，并按规定碾压参数（强振、4km/h以下速度）碾压后确定沉降差。

4.2.4 土石路堤

1 填料

一般情况下，石块强度大于20MPa时，不易被压路机压碎，超过规定粒径尺寸，造成上下层石块重叠，致使碾压时不稳定。当所含石块为软弱岩或极软岩时，易为压路机压碎，不存在较大石块产生的问题。

2 基底处理

土石路堤对地基的不均匀沉降较为敏感，土石混合料颗粒之间的咬合作用一旦被破坏后，就难以恢复。因此，对于土石路堤而言，尤其是高土石路堤，地基承载力是保证路堤压实质量和正常使用性能的前提条件，若地基承载力不足，必将会导致路堤的坍塌和失稳，进而产生病害破坏。所以根据不同的填高，对地基提出不同的要求。施工前检查地基是否满足设计要求是非常必要的。

由于土石混合料的孔隙较大，水较容易从边坡、路面等部位进入路堤中，很容易浸湿地基。同时若地基范围内存在地下水，也会影响土石路堤的整体稳定。因此，当路堤基底范围内可能有地面水或地下水影响路堤稳定时，土石路堤应采取必要的引排、拦截、防渗等措施，或在路堤底部填筑不易风化的片石、砂砾石等透水性材料来设置透水层，其厚度应不小于300mm，防止水对地基的不良影响。

3 填筑

3）土石路堤中因含土量较多，采用倾填易使填层超过规定厚度，不易压实。

5）压实后渗水性差的细粒土，如填在路堤两侧，则填筑于路堤中部渗水性好的土受雨水的影响，吸收的水分无法排除而降低其承载力；甚至路堤中部形成水囊，从而造成路面严重破坏。

6)填料岩性相差较大,主要是指所含石料的强度相差较大。填料中石料的强度不同,要求填料中石块粒径的大小也不同,故宜分层、分段填筑。如都是硬质石料,则不论石料类别如何,都可以混在一起填筑;如都是软质石料,压实后渗水性基本相同,也可以混在一起填筑;如软、硬质石料都有,分层、分段填筑有困难时,则应将含硬质石料的混合料铺填在下面,且石块不得集中或重叠,上面再铺填含软质石料的混合料。

7)主要是为了提高上面一层的平整度,而规定此条文。

4　中硬、硬质石料土石路堤压实质量检测标准

土石路堤应先修筑试验路,在已选用的压实机械类型、功率及组合、压实速度条件下,确定填料的最大粒径、最适宜的填筑厚度、压实到最大干密度时的压实遍数,同时也测出相对应的沉降差。

以最大干密度作为检测土石路堤试验路的压实度标准,同时也应确定沉降差和工艺参数,作为大规模施工时压实质量的检查控制标准。

由于土石混合填料的压实特性,压实宜用振动或冲击方式;土石混合填料的粒径组成直接影响到它的压实特性,当填料的粒径组成发生变化时,其压实特性也随之变化。所以在选择压实机械时,一般来说15t以上的大型振动压路机效果较好。

土石路堤填料压实质量控制,应根据实际填料的来源配制不同含石量(20%~70%)的试样进行室内大筒重型击实试验,通过试验确定不同含石量(以击实后试样含石量为准)填料的最大干密度和最佳含水量,给出同一种料的不同含石量最大干密度曲线;在采用细料压实度进行质量控制时,应由试验确定细料的最大干密度和最佳含水量。对于坚硬石料的土石混合填料,细料的最大干密度应按表4-5进行修正。对于中等强度以下石料的土石混合填料,细料的最大干密度不需要进行修正。土石混合填料中细料的压实度要求同土质路堤标准。

表4-5　细料的最大干密度修正系数

粗料含量(%)	0~25	25~40	40~60	>60
修正系数	1.0	0.97	0.95	0.92

土石路堤的压实干密度检测,采用的是一种常规的检测法,也是大家都接受的可信检测法。由于它需要挖的试坑较大(上路堤600mm×600mm,下路堤800mm×800mm),很费时,不能满足大规模施工的要求,因此,条文规定只用于试验路,在大规模的施工中不使用,而采用沉降差和工艺参数进行双控制,较为快捷实用。随着控制技术的不断发展,近年来,在一些地方,通过研究开发出了一些土石混填路基压实度的快速检测技术和相关设备,在实际施工中,可根据需要和试验路段的成果进行判断和选择。

4.2.5　高填方路堤

2　基底处理

1)高填方路堤的基底承受的荷载很大,一般应进行路堤稳定性验算和对基底土的承压强度值进行检查。如对原地基进行常规压实仍不能满足稳定验算要求,应对地基进行

加固处理。

3　高填方路堤填筑

3)高填方路堤的地基土体,由于填筑体对其施加了较大压力,会产生压缩变形,填筑体在自身重力作用下也要压密变形,这两个变形的完成都需要一定的时间才能完成,并逐步达到稳定,因此,优先安排施工是非常必要的。

4.2.6　桥、涵及结构物的回填

台背回填顺路线方向长度,一般宜这样确定:自台身背面起,顶面长度不小于台高加2m,底面长度不小于2m;拱桥(涵)台背填土长度应不小于台高的3~4倍。

3　《公路路基设计规范》(JTG D30—2004)规定二级及二级以上公路的路堤与桥台、横向构造物(涵洞、通道)连接处应设置过渡段,其长度为路基填土高度的2~3倍,其压实度不小于96%。同时还应做好过渡段的排水与防水系统及地基处理。

桥、涵及结构物的回填应分层填筑、分层压实,主要是确保回填的压实度,减小填料的下沉变形,避免跳车。通过选择好的填料,分层压实,采用小型机具也是可以达到这一目的的。另外,可以创造条件,使用压路机压实,压路机压不到的边角处,使用小型夯实机配合施工,也能很好保证回填质量。

4.2.7　半填半挖路基、路堤与路堑过渡段

1　基底处理

半填半挖路基、路堤与路堑过渡段,一般地面横坡较陡或路线通过深谷地段,因此,应特别注意填挖结合部的处理。如果填挖结合的界面处理不好,就会造成路基纵、横向开裂,严重的会导致半幅路基下沉、滑坍的质量事故,所以必须严格按规定施工。

陡坡地段的半填半挖路基，应在山坡自然坡上挖台阶。为保证高等级公路路基的均匀性，日本规范规定中央分隔带之外挖方一侧，不足一幅行车道宽度时，路床深度范围内的原土基应予挖除换填，以确保半填半挖路基的稳定。结合我国实际情况，原土基挖除换填的宽度宜为一个行车道的宽度，厚度为上路床深度，以增加路基的均匀性和稳定性。

水是路基病害之源,而半填半挖路基、路堤与路堑的过渡段都较靠近地面,易受水的浸害,排除地下水、切断地表水补给,是保证路基稳定的必要措施。

2　施工规定

由于半填半挖路基、路堤与路堑过渡段都地处于陡坡、沟谷地段,施工极不方便,施工初期可能使用小型机具碾压或夯实。施工时应注意机具功能与填层厚度的匹配,确保填层达到压实标准;高处卸料应控制摊铺的离析。待具备条件时,使用大型设备按正常条件施工。

半填半挖处、0~0.30m的低路堤、零填及挖方路床受地质环境和地下水的影响都较大,因此选择适合的填料或恰当的土质改良措施是非常必要的。

半填半挖高填方路堤的地基多数是不会在设计边坡外挖台阶的,如果在边坡上堆积

多余的松散弃土,弃土受雨水浸湿后重量增加,强度降低,会随坡下滑,导致路堤内的部分边坡被牵引下滑,而引起路堤顶面开裂。

4.3 挖方路基施工

4.3.1 土方工程

路堑开挖的适用材料,用于路堤填筑可以减少弃方,但不能混杂,混杂材料均匀性差,路基的压实质量难于保证。

路堑边坡的稳定在施工过程中尤为重要,必须确保施工人员、机械、设备安全。如采用不加控制的爆破施工,易造成边坡失稳或塌方。

掏空挖土,俗称挖神仙土,易造成坍塌甚至把人员埋在其中,危及人身安全。

路堑开挖过程中,经常会遇到土质或土石比例的变化,为保证边坡稳定,可能需要调整边坡坡度。

挖方路基挖到设计标高不能进行下一步施工时,应预留保护层,目的是减轻或避免使路床受水、冻等侵害。

4.3.2 石方工程

3 《爆破安全规程》(GB 6722—2003)是国家标准,由国家质量监督检验检疫总局发布,并于2004年5月1日正式实施。《爆破安全规程》是一部强制性的技术法规,公路行业必须遵照执行,配套的有《爆破安全规程实施手册》(2004年9月,人民交通出版社出版)。

4.3.3 深挖路基

深挖路基含:深挖路堑、半挖半填路基的深挖边坡。

《公路路基设计规范》(JTG D30—2004)规定:土质路堑边坡高度超过20m、岩石路堑边坡高度超过30m,应进行个别勘察设计。

深挖路堑因为它的边坡较高,易于坍塌,且工程数量大,经常是全线控制工期的重点工程。因此施工前准备阶段必须详细复查设计文件中的工程地质资料、边坡和加固形式、工程数量,并且做好土工试验,核对设计文件的资料,据以编制单项施工组织设计,确定配备机械设备的型号、数量和劳动力,确保工程质量和按期完成任务。

设计文件常常缺乏工程地质资料或者仅有地面1~2m深的探孔地质资料,这对施工来说,很难保证深挖路堑边坡稳定和安全,因此本条文规定应根据施工开挖情况,随时进行复查,以便对原设计进行合理的修改。

2 深挖路堑边坡是否稳定,影响因素很多,但最主要是边坡坡度大小,同时也与气候条件有关,因此要求边坡应严格按设计坡度施工。遇到土质情况与设计资料不符时,必须向驻地监理工程师和建设单位提出修改设计的书面意见,以保证路堑边坡的稳定。土质挖方边坡密实程度与边坡高度关系见表4-6。

表 4-6 密实程度与边坡高度关系表

密实程度	边坡高度(m)	
	<20	20~30
胶结好	1:0.3~1:0.5	1:0.5~1:0.75
密实、中等密实	1:0.5~1:1.25	1:0.75~1:1.5
较松	1:1.25~1:1.75	1:1.5~1:2.0

3 本条文强调深挖路堑边坡施工放样的必要性和重要性。深挖路堑地形复杂,高差大,边坡高,工程量大,施工放样和过程测量直接关系到施工质量和施工成本。施工生产实践中由于施工放样和过程测量不准确,导致路堑开挖宽度不够、边坡过陡,需要返工;或超宽开挖造成巨大浪费,不但影响了工程质量和环境条件,而且增加了施工成本,拖延了施工进度,这类现象在山区深挖路堑施工中并不少见。

对于深路堑施工,除确保路基的中桩、边桩等标志桩准确无误外,为便于施工过程中进行测量控制和掌握工程量,还应加密中桩、边桩和增设临时水准点。边桩放样时必须保证垂直中线,否则将引起较大的施工及工程量误差。应每挖深 5m 进行一次控制复测工作。

4.3.4 弃方

3 《水土保持综合治理技术规范》(GB/T 16453)明确规定:严禁侵占水库、湖泊等水利设施。岩溶地区的漏斗处和暗河口是地面水排泄孔道、地下水出水口通道,如将弃土堆积在这些地方,会造成地面水、地下水无法排走,危及路基稳定、安全。

4 弃方随便乱堆既影响施工又影响环境;弃土堆积在未使用的灌溉渠道会堵塞农田水利设施的使用;弃方故意倾入河流,造成水流污染、堵塞、挤压桥孔、增加水流速度、改变水流方向、冲刷河岸等,这些都是破坏生态环境的行为,必须严禁,因此特制定本条文。

4.4 轻质填料路堤施工

4.4.1 粉煤灰路堤

5 粉煤灰若含水量大,则运输不经济,若含水量小则会造成飞扬、流失,还污染环境,同时含水量过大或过小都不易压实。故应在灰场内调节好含水量,以方便运输,也便于摊铺。存放时应注意表面含水量,避免飞扬。施工时,以达到 1.0~1.1 倍的最佳含水量为度,其加水计算公式为:

$$Q=\frac{L\times B\times H\times \rho_{\mathrm{Lw}}}{1+0.01w_0}\times 0.01(w_1-w_0) \tag{4-3}$$

式中:Q——所需加水量(kg);

L——路段长度(m);

B——路段宽度(m);

H——松铺厚度(m);

ρ_{Lw}——松铺湿密度(kg/m^3);

w_0——粉煤灰原始含水量(%);

w_1——粉煤灰要求达到的含水量(%)。

6 粉煤灰路堤填筑规定

7)粉煤灰路堤的压实度与碾压机具压实功能的大小、摊铺厚度、最佳含水量控制、碾压遍数等因素密切相关。其中,碾压机械压实功能的大小至关重要。总的趋势是要求采用大吨位(20~50t)的振动压路机或振动羊足碾压路机进行压实作业,以取得满意的压实效果。

7 现场压实度检测试验方法,对于细粒土,《公路土工试验规程》(JTJ 051)规定的环刀法和灌砂法两种试验方法均可采用。但实践中发现,环刀法比灌砂法的结果偏小1%左右。因粉煤灰的颗粒较细,应以环刀法为准,而取样位置应在压实层中间部位,以代表压实层的平均水平。

4.4.2 EPS路堤

3 基底处理要达到设计要求的地基压实度。根据国外资料,EPS块体路堤的工程事故多由排水不良引起。因此,应特别注意做好地表水、地下水的排除,始终保持EPS块体基底的干燥,并按设计要求做好垫层。

EPS宜采用人工铺筑。由于EPS很脆,块体较大,搬运中要注意防折。施工质量控制内容主要是平整度和联结牢固程度。EPS铺筑的关键是平整度的控制。

4 关于EPS路堤使用的材料块技术指标要求,国内各省市大体相同,表4-7为沪宁高速公路拓宽施工所采用的技术指标。

表4-7 路用EPS材料的技术指标

技术指标	单 位	技术要求
标准块体尺寸	m	长×宽×高 3.00×1.27×0.63
块体平整度	mm	≤3
密度	kg/m^3	≥20
抗压强度(压应变5%)	kPa	≥50
抗压强度(压应变10%)	kPa	≥110
抗弯强度	kPa	≥150
抗剪强度	kPa	≥120
压缩模量	MPa	≥3.5
体积吸水率(7d)	%	≤1.5
燃烧自灭时间	s	≤3

5 路基排水

5.1 一般规定

5.1.1 水是造成路基病害的主要因素之一，根据《公路排水设计规范》(JTJ 018—97)及《公路路基设计规范》(JTG D30—2004)内容要求，结合路基排水施工情况，对道路排水系统施工作了原则规定。

宜首先施工涵洞、桥梁工程以及路基施工现场内外的地表水、地下水临时和永久排水设施，使工程不受水侵害，保证工程的质量、安全、进度。

5.1.3 季节性冻土地区路基通过水田地段时宜在坡脚设护坡道。

5.1.4 路堑施工中，除应防止上边坡方向的水流入外，另外由于开挖面积较大，在大雨时还应防止大量积水，本条文原则规定了"及时将地表水排走"，各地的实际情况相差很大，施工中应要引起高度重视。

路堑边坡上方，如有泥沼、水塘、沟渠、水田等水源时，应做详细调查，确定其是否有渗水情况，并针对具体情况，采取必要的防渗措施。

5.2 地表排水

5.2.1 边沟

设计没有规定时，边沟深度不得小于400mm，底宽不得小于400mm。

在季节性冻土地区，路基边沟沟底低于路床顶面不得小于0.3m，沟底纵坡不宜小于0.75%，土质边沟底面和侧面宜采用浆砌体铺筑。中重冻地区高等级公路不宜用矩形暗沟式边沟。

5.2.2 截水沟

截水沟应结合地形合理布置并接顺，在转折处应以曲线连接，沟底纵坡不应小于0.5%，以免水流停滞。

截水沟内的水流应避免流入边沟，而应将水流排入截水沟所在山坡一侧的自然沟或直接引到桥涵进口处，以防止在山坡上任其自流，造成冲刷。

加固后的截水沟在山坡上方一侧的砌体与山坡土体连接处，容易产生渗漏水，应严格进行夯实和防渗处理,以防止顺山坡下来的水渗入而影响山坡稳定。

季节性冻土地区,土质截水沟底面和侧面应采用浆砌体铺筑。设置拦水埂的参考技术参数为:内缘距坡顶边线 1.0~1.5m,顶宽 0.5~0.7m,高度 0.4~0.6m,边坡坡度1:1.5。

5.2.3 排水沟

排水沟长度不宜过长,以免流量过大造成漫溢。

5.2.4 急流槽

急流槽要抵御流速大的水流冲刷,必须用浆砌片石、水泥混凝土预制块或水泥混凝土浇筑。急流槽可分进口、槽身、出口三个部分。急流槽底宜砌成粗糙面,用以消能和减小流速。急流槽进水口的喇叭形簸箕口可以很好地汇集流水到槽口。

设计没有规定时,可采用如下断面尺寸:槽底厚度 200~400mm,槽壁厚度 300~400mm,最小槽宽 250mm。

5.2.5 无消力池的跌水

跌水构造可分为进口、台阶、出口三部分。跌水槽身一般砌成矩形。沟槽槽壁及消力池的边墙厚度,浆砌片石为 250~400mm,混凝土为 200mm,高度应高出计算水位,并且不应小于 200mm;槽底厚度为 250~400mm。出口部分必须设置隔水墙。

5.2.6 蒸发池

平原地区排水较困难,挖成取土坑后其底部比原地面降低,排水更困难。以取土坑作为蒸发池,在雨水较少地区是一种较经济的选择。

5.2.7 油水分离池

从环境保护的观点出发,公路排水不应对饮用水源、养殖水系造成污染,所排污水应进行净化处理,以保证受纳水系水质符合使用标准。

公路路面排出的污水一般以悬浮物和石油为主,与其他行业比较,公路污水含油量较低,目前常用沉淀法进行处理。由于公路项目上很少采用油水分离池,施工时宜参考《室外排水设计规范》(GBJ 14)、《污水综合排放标准》(GB 8979)。

5.3 地下排水

5.3.1 暗沟(管)

1 暗沟(管)是地面以下引导水流的沟(管),无渗水和汇水的功能。沟底如不埋入不透水层内,则沟底以下含水层的来水不能被截走,仍将渗入路基。

3 寒冷地区的排水暗沟不应用明沟截地下水,以免冻结,失去排水作用。

4 沉降缝可使不均匀沉降或伸缩位移限制在设缝处,缝中应填塞沥青麻絮或浸透沥青的木板或土工合成弹性材料，不致漏水。沉降缝和伸缩缝一般设在同一个位置。

5.3.2 渗沟

渗沟可埋设于路基边沟下面、边坡上或横穿路基。若流水量大，可在填石中或在路基边坡上设置水管等，增大排水量。

全冻路堤在渗沟转弯、变坡处及直线段每隔 30 ~ 50m 宜设渗沟检查井，其直径不宜小于 0.8m，井壁应设渗水孔和反滤层，井下通水口与渗沟排水槽（管）同高。边沟下的渗沟检查井应设于边沟外。

3 管式渗沟

管式渗沟是常用的地下排水设施。渗沟的横断面为梯形，沟壁坡度随沟深而减缓。为保证沟内的回填料有良好的透水性，并且在沟内水流渗入排水管时不堵塞管上的槽孔，必须控制回填材料的级配组成（开级配）和细颗粒的含量。

带孔排水管其圆孔直径宜为 5 ~ 10mm，纵向间距为 75mm，按对称的 4 排或 6 排设在圆管断面的下半部。带槽排水管其槽宽度为 3 ~ 5mm（沿管长方向），沿圆周方向的长度和槽口的间距应满足表 5-1 以及图 5-1 的要求。

表 5-1 带槽孔排水管的槽孔布置要求

管径（mm）	圆孔			槽口		管径（mm）	圆孔			槽口	
	排数	H（mm）	L（mm）	长度（mm）	间距（mm）		排数	H（mm）	L（mm）	长度（mm）	间距（mm）
150	4	70	98	38	75	300	6	140	195	75	150
200	4	94	130	50	100	380	6	175	244	75	150
250	4	116	164	50	100	460	6	210	294	75	150

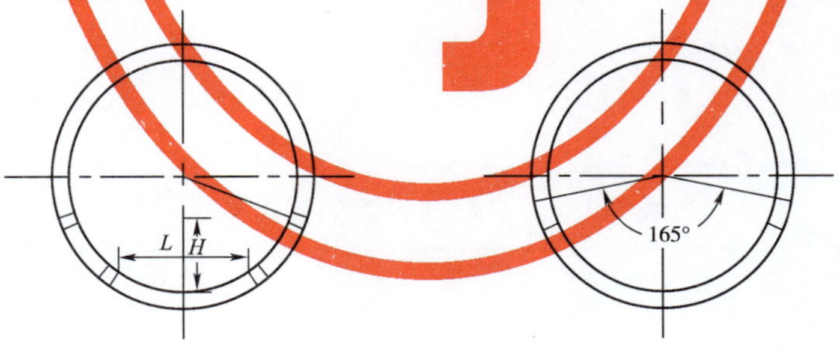

a)　　b)

图 5-1 带槽孔排水管的圆孔和槽口布置

a）带孔排水管；b）带槽排水管

4 洞式渗沟

在盛产石料地区可采用洞式渗沟，在路基范围外拦截地下水。盖板间留有 20mm 的缝隙，在盖板顶上铺以透水的土工织物。渗沟的迎水面处应设置多层反滤层，每层由 150 ~ 250mm厚的粒料组成，其级配组成应满足反滤层要求和排水要求。

排水垫层集料：通过率为 15% 的粒径应不小于路基土通过率为 15% 的粒径的 5 倍，

并不大于路基土通过率为85%的粒径的5倍;通过率为50%的粒径应不大于路基土通过率为50%的粒径的25倍。不均匀系数(指通过率为60%的粒径与通过率为10%的粒径之比值)不大于20。

5　边坡渗沟

边坡渗沟深度视边坡潮湿土层的厚度确定,原则上应埋入潮湿带以下较稳定的土层内或地下水位线以下,最好将沟底置于坚硬不透水层内,应比滑动面低0.5m。

边坡渗沟断面一般采用矩形,宽度为1.2~1.5m,不应小于0.8m。由于引排的地下水流量小,因此沟底填大粒径的石料作为排水通道,沟壁做反滤层,其余空间可利用当地砾石、卵石、碎石、粗砂等渗水好的材料填充。

为保持边坡渗沟稳定,沟底宜挖成台阶式,台阶一般长2~3m,高1~2m,并用浆砌片石砌筑。其下部出水口宜用干砌片石垛支挡渗沟内的填料和排出所汇集的地下水。

6　支撑渗沟

支撑渗沟用于较深(2~10m)滑动面的不稳定边坡,或在路堑、路堤坡脚下部等部位。支撑渗沟是滑坡整治的一种工程技术措施,主要有主干及支干支撑渗沟两种,主沟一般顺滑坡方向平行修筑,支沟一般可与滑坡移动方向成30°~45°的交角,并可延伸到滑坡体以外,起拦截地下水作用。

支撑渗沟的结构形式有条形、枝杈形、拱形等。根据实践经验,不同土质地段支撑渗沟间距见表5-2。

表5-2　支撑渗沟横向间距参考表

土　质	间距(m)	土　质	间距(m)
黏土	6.0~10.0	亚砂黏土	10.0~15.0
重亚黏土	8.0~12.0	破碎岩层	15.0

7　反滤层

用于反滤层的无纺土工布应符合《公路土工合成材料应用技术规范》(JTJ/T 019)的强度基本要求,见表5-3。

表5-3　土工织物强度的基本要求

测试项目	强　度 单　位	用途分类					
		I级		II级		III级	
		伸长率 <50%	伸长率 ≥50%	伸长率 <50%	伸长率 ≥50%	伸长率 <50%	伸长率 ≥50%
握持强度	N	≥1 400	≥900	≥1 100	≥700	≥800	≥500
撕裂强度	N	≥500	≥350	≥400	≥250	≥300	≥175
刺破强度	N	≥500	≥350	≥400	≥250	≥300	≥175
CBR顶破强度	N	≥3 500	≥1 750	≥2 750	≥1 350	≥1 000	≥950

一般情况下,宜采用II级;如铺设条件良好,可采用III级;如所处环境有冲刷,应采用I级。土工织物的单位面积质量宜选用300~500g/m^2。

无砂混凝土块反滤层用在卵石、砾石、粗中砂含水层中效果良好。无砂混凝土是由水泥浆和粗集料(级配碎石或砾石)黏结在一起而且有透水孔隙的圬工块体,配制时注意要点如下:

(1)粗集料要坚硬致密,粒径大渗透系数大。

(2)水泥用量大则强度高,但渗透系数小。

(3)每次浇注混凝土时宜用扒平后轻轻插入的捣固方法,若过重会减弱其透水性能。投掷高度不宜超过 1m,过高投掷会造成水泥浆与石子离析。养生温度宜保持在 10℃ ~ 20℃。

(4)应进行透水能力的试验。

(5)无砂混凝土的试验数据见表 5-4,可供参考。

表 5-4 无砂混凝土试验结果汇总表

集料粒径(mm)	灰石比(质量比)	水灰比(质量比)	水泥用量(kg/m^3)	混凝土容重(kN/m^3)	平均强度(MPa)				平均渗透系数(m/d)	含水层
					龄期(d)	抗压	抗弯	对钢筋的黏结力		
10 ~ 20	1:6	0.38	253	18.7	32	9.14	1.17	1.12	2 240	卵石、砾石、粗砂
5 ~ 10	1:6	0.42	253	18.7	30	11.72	1.72	1.27	1 410	粗砂、中砂
3 ~ 5	1:6	0.46	247	18.4	30	8.54	1.51	1.58	337	中砂、细砂

9 渗沟顶部设封层的目的是防止泥砂侵入反滤层和防止地面水进入渗沟。

10 渗沟开挖自下游向上游进行,可使开挖后的沟槽立即做成渗沟,使地下水从渗沟中排走。

5.3.3 渗井

渗井的施工方法通常用铁皮套筒将排水填充材料和反滤层分离,随着填入不同粒径的填料,填料逐渐升高,再逐段拔除铁皮套筒。由于排水渗井易于淤塞、造价高,一般不选用。

挖方路基或全冻路堤,无平面排水条件的路段可设置渗井集聚排除平面水。

5.3.4 土工织物作排水隔离层施工宜选择在旱季,地下水位较低时将土基地面整平,分层压实,构成一定横坡,铺设土工织物,拉平并保持一定松弛度,随之用木桩或石块固定;在隔离层上铺筑路基土时应从中间开始卸料填筑,填料铺筑前严禁车辆在土工织物上行驶。

5.3.5 仰斜式排水孔

仰斜式排水孔施工要求具备专业施工机具和施工队伍。其施工程序可按以下步骤进行:

(1)用钻机在挖方边坡平台上水平方向钻入滑坡体含水层,钻孔的仰斜坡可为 10% ~ 20%,然后孔内推插入 PVC 排水管(可利用钻机将 PVC 排水管放在钻杆内一起钻入,然后抽回钻杆实现)。

(2)带孔的 PVC 排水管圆孔直径为 10mm,纵向间距 75mm,沿管周分三排均布排列,一排在管顶,其他两排在管的两侧,顶排圆孔与侧排圆孔交错排列。

(3)靠近出水口 1 ~ 2m 的长度内,应设置不带槽孔的 PVC 排水管,并应在进出水口 600mm 长度范围内,用黏土填塞钻机与排水管之间的空隙,防止泉水外渗影响边坡稳定。

(4)钻到含水层后,钻孔上面的侧面用带过滤器的保护管保护钻孔。在透水性弱的地基中集水时,整个保护管都要安装过滤器。

由于地质情况复杂,穿过滑动面时,有可能坍孔。另外,有时在钻进过程中遇到坚硬的孤石等,容易引起钻杆弯曲,而不能达到预定的位置,从而达不到排水要求。这时可以采取其他工程措施排除地下水。

为了按设计方向钻进,施工时必须使钻机立轴方向偏出一个角度 α,其步骤是:

①钻机定向、整平;

②在向右偏移的方向设置经纬仪,要求钻机立轴线与经纬仪十字丝重合;

③转动机头使立轴仰坡等于起始坡。

根据试验资料分析,得出计算仰坡值的经验公式:

$$H = mx + 0.32e^{0.0905x} \tag{5-1}$$

式中:H——平孔某点相应于经过钻机头的水平线高度(m);

x——钻进的长度(m);

e——自然对数。

如果设计的平均仰坡为 m',则钻进时的起始坡度 m 可按下式计算:

$$m = \frac{m'x - 0.032e^{0.0905x}}{x} \tag{5-2}$$

一般情况下,仰坡 m' 采用 10%。

5.3.6 承压水的排除

一般地区冒出的浅层承压水,如不先消能使之成为无压水,则会四处漫溢,不能引入沟渠排走。

如因地形条件所限,未能埋设到冰冻深度以下时,上层填土可填炉渣或泥炭覆盖保护。

冻结沟应在秋季开挖,冬季封冻以前完成。当地表径流较大时,冻结沟应设置不小于 1% 的纵坡,以便在雨季时排除地面水。

6 特殊路基施工

6.1 一般规定

6.1.1 特殊路基施工,应根据其特点和具体情况以及必要的基础试验资料,进行经济、技术综合考虑,因地制宜地制订施工方案并实施。

特殊路基处治一般要注意以下四个环节:

(1)对地质资料、土工试验的详细检查,对设计图和实践经验的调查研究。

(2)室内试验和现场试验,特别是对重要工程。

(3)精细施工并注意现场的监测和数据的收集。

(4)反复分析,验证设计,监测工程安全。

6.1.4 用湿黏土、红黏土和中、弱膨胀土作为填料直接填筑时

1 在实际施工中,可以采用如下步骤来判断 CBR 值是否满足条文规定:

(1)分析天然土样的天然含水量、天然稠度。

(2)取天然土样,采用湿土法制作不同含水量(一般可选择相当于稠度在 0.9~1.4 范围内)的试样,按照《公路土工试验规程》中承载比(CBR)试验测试其 CBR 值。

(3)绘制"CBR-含水量"关系图,根据表 4.1.2 的规定得出路基不同部位填料的含水量范围。

(4)如果该种天然土的天然含水量处于步骤(3)所确定含水量范围内,那么该种天然土可作为填料。

2 以上仅仅确定了天然土是否可作为填料的问题,在实际施工中应特别注意,天然土在碾压前稠度(含水量)必须同时满足两个条件:稠度在 1.1~1.3 之间、含水量处于步骤(3)所确定含水量范围内。如果天然土在运输、摊铺后不满足以上两个条件,则应均匀调整含水量(一般采用晾晒或者均匀洒水的方式)方可进行碾压。要做到含水量均匀就必须对土块进行击碎(一般宜击碎至粒径在 53~37.5mm 以下),由于击碎十分困难,在此过程中十分容易导致土块内湿外干或内干外湿,故均匀调整含水量的幅度比较小。一般情况下,稠度小于 0.9 的天然土均匀调整含水量就十分困难。

条文"碾压时稠度应在 1.1~1.3 之间"的稠度所对应的含水量是采用《公路土工试验规程》中烘干法所测得的。酒精燃烧法所测得的含水量与烘干法有一定的差值,一般在 2 个百分点左右。烘干法为含水量试验的标准方法。

根据长期的实践经验,上述三种土的压实机械自重宜在 18t 左右。

3 用湿黏土、红黏土和中、弱膨胀土等作为填料,直接采用表 4.2.2-1 的规定作为压

实度标准时,存在两个问题:

(1)上述三种土的天然含水量一般大于最佳含水量,要将天然含水量降低到最佳含水量,要将土块击碎并翻晒。土块击碎、翻晒十分困难,还将消耗大量的工期、成本,并且在此过程中十分容易导致土块内湿外干或内干外湿的现象,含水量不均匀。

(2)在自然条件下,上述三种土的含水量将接近塑限,接近饱和状态。根据国内几条高速公路的长期观测结果,认为:湿黏土、红黏土和中、弱膨胀土,压实后无论含水量大小,在长期受自然界影响后,其含水量将接近塑限。

上述三种土达到重型压实的最大干密度时,饱和度一般小于80%~85%;达到表4.2.2-1的规定时,饱和度仍然偏小,随着时间的推移,路基必然吸水,使得土体膨胀,压实度降低,造成路基不稳定、强度降低,甚至达不到路基最小强度要求,路基强度、稳定性均存在问题。

综合来说,压实度如果采用表4.2.2-1的规定,将使大部分这种土不能直接作为路基填料。上述三种土在国内部分省份普遍存在,对这三种土废弃、改良利用的成本都比较高。

条文"压实度标准可比表4.2.2-1的规定值降低1%~5%"仅仅给出了压实度可降低的范围、可降低的最大值,实际施工控制中,不得一律取"降低5%"。根据当地水文土质情况,可通过以下方法确定压实度可降低的具体值:作出可直接碾压的含水量范围内的重型击实曲线,选择该条曲线的最大干密度与该种土在最佳含水量对应的最大干密度的比值作为压实度标准。"可直接碾压的含水量"指稠度在1.1~1.3之间并且含水量处于步骤(3)所确定含水量范围内。

6.2 湿黏土路基施工

6.2.6 水稻田地段路基施工

1、2 水稻田排水疏干是十分重要的工序,尤其是我国南方修筑公路更应重视水稻田排水疏干工作,有了干燥的原地面,才能对原地面进行技术处治。

3 浆砌截水沟、边沟连通,可防止地面水流入或浸入路堑冲刷边坡。浆砌加大尺寸的边沟可作为田路分离的重要标志。

6.2.7 河、塘、湖地段路基施工

浸水路堤除承受普通路堤所承受的外力和自重外,还要承受水的浮力和渗透动水压力的作用。因此,可能受水浸害的部分路堤,应选用水稳性好的材料,分层填筑,分层压实,分层松铺厚度不大于300mm,压实度应符合设计要求,当设计无规定时,应符合本规范表4.2.2-1的规定。

渗透动水压力 D 作用于浸润线以下土体的重心,平行于水力降坡 I,按下式计算:

$$D = I \cdot \Omega_{\beta} \cdot \rho \tag{6-1}$$

式中:I——渗透水力坡降;

Ω_{β}——浸润曲线与滑动面之间的土体面积(m^2);

ρ——水密度。

土的渗透性具有高度的不均匀性和各向异性性质,见表 6-1。必须按设计要求挑选填料和控制压实标准。

表 6-1 土的渗透性分类

透水程度(cm/s)	渗 透 性				
	高	中	低	极低	实际不透水
渗透系数 k	$>10^{-1}$	$10^{-1}\sim10^{-3}$	$10^{-3}\sim10^{-5}$	$10^{-5}\sim10^{-7}$	$<10^{-7}$

例如,干净砾石 k 值可达 30cm/s,纯黏土则小于 10^{-9}cm/s。中等透水性的土(如亚砂土、亚黏土等)在水位骤降时,对边坡稳定性影响较大。

软弱地基或土基应慎重处理,处理不当,则路基易出现沉陷和失稳。例如,一般的固结快剪试验,对于 $w=60\%$ 的淤泥,$c=0.007$MPa;对于 $w=45\%$ 的淤泥质土,$c=0.013$MPa;假定安全系数为 1.3,填土极限高度内摩擦角 $\varphi=0°$,根据公式 $h_1=(\pi+2)c/\rho_1$,取 $\rho_1=2\times10^3\text{kg/m}^3$,则:极限填土高度分别为 1.4m 和 2.6m。超过此限值,路基即将出现异常现象。

边坡和堤脚易受水流的冲刷和冲淘,必须按设计要求采取预防措施。

6.2.8 多雨潮湿地区路基施工

1 多雨潮湿地区是指一级区划 IV、V 区范围内二级区划中的中湿区和过湿区。本区的主要特点是降水量大,平均在 1 000mm 以上,经常有泥石流、山洪暴发、滑坡等自然灾害发生。特别是水网稻田地区,地下水位高、排水困难、经常降雨,因此土壤过湿,含水量比压实最佳含水量高很多,由此而造成修筑路基按规定要求压实困难。故应采取各种技术处理以达到质量要求。

2 采用含水量大的土填筑路堤一般难以压实到要求的压实度,所以需要换填或者掺入外加剂。

土的天然稠度是指土的液限与天然含水量之差与塑性指数之比,即:

$$w_c=\frac{w_L-w}{w_L-w_P}=\frac{w_L-w}{I_P} \tag{6-2}$$

式中:w_c——土的天然稠度;

w_L——土的液限(%);

w——土的天然含水量(%);

w_P——土的塑限(%);

I_P——土的塑性指数(%)。

路基干湿状态与稠度关系见表 6-2。

表 6-2 路基干湿状态与稠度关系

路基干湿状态	干燥	中湿	潮湿	过湿
稠度 w_{c0}	$w_{c0}>w_{c1}$	$w_{c1}\sim w_{c2}$	$w_{c2}\sim w_{c3}$	w_{c3}

注:w_{c0}-干燥状态路基常见下限稠度;

w_{c1}-干燥和中湿状态路基的分界稠度;

w_{c2}-中湿和潮湿状态路基的分界稠度;

w_{c3}-潮湿和过湿状态路基的分界稠度。

土基干湿状态的分界稠度建议见表6-3。

表6-3 土基干湿状态的分界稠度建议值

干湿状态 / 土质类别	干燥状态	中湿状态	潮湿状态	过湿状态
	$w_c \geq w_{c1}$	$w_{c1} > w_c \geq w_{c2}$	$w_{c2} > w_c \geq w_{c3}$	$w_c < w_{c3}$
砂质土	$w_c \geq 1.20$	$1.20 > w_c \geq 1.00$	$1.00 > w_c \geq 0.85$	$w_c < 0.85$
黏质土	$w_c \geq 1.10$	$1.10 > w_c \geq 0.95$	$0.95 > w_c \geq 0.80$	$w_c < 0.80$
粉质土	$w_c \geq 1.05$	$1.05 > w_c \geq 0.90$	$0.90 > w_c \geq 0.75$	$w_c < 0.75$

6.3 软土地区路基施工

6.3.3 浅层处治

1 当泥沼及软土厚度小于2.0m时可换填软基。对非饱和黏性土的软弱表层,也可添加适量石灰、水泥进行改良处治。

2 抛石挤淤一般用于以下情况下:泥沼及软土厚度小于3.0m,且其软层位于水下,更换土施工困难或基底直接落在含水量极高的淤泥上,稠度远超过液限,呈流动状态。一般认为,抛石是经济、适用的。当淤泥较厚、较稠时,选用本法须慎重。

6.3.4 砂(砾)垫层

1 当采用砂(砾)垫层与排水固结法综合处治软基时,垫层材料含泥量不大于3%。当采用天然级配砂砾石时,上海地区规定最大粒径不大于100mm。

2 碾压法施工时,最优含水量一般控制在8%~12%。摊铺厚度为250~350mm,压实机具宜采用自重60~100kN的压路机。

6.3.5 土工合成材料

2 土工合成材料施工规定

1)土工聚合物的铺设施工根据使用条件、施工机具等研究施工方法。但在任何情况下均应注意土工纤维的有效性和施工方法是否得当,必须精心施工,注意均匀、平整及端头的位置和锚固。

3)为保证土工聚合物的整体性,采用缝接法时可用尼龙线或涤纶线缝接,方法有对面缝和折叠缝两种。一般多采用对面缝,缝接处强度可达到纤维强度的80%,基本能满足要求。如果用折叠缝,应用双道缝合线,可取得更高的强度。施工时最好采用移动式缝合机,避免漏缝及断线等。

6.3.6 袋装砂井

1 砂袋可采用聚丙烯、聚乙烯、聚酯等长链聚合物编织,以专用缝纫机缝制或工厂定制,目前国内普遍采用的是聚丙烯编织。该材料抗老化性能差。

砂除满足条文中的质量要求外,还应保持干燥,不宜采用潮湿填料,以免袋内填料干燥后体积减少，造成短井。

2　袋装砂井施工机械一般为导管式的振动打设机械，只是在行进方式上有差异。我国一般采用的打设机械有轨道门架式、履带臂架式、步履臂架式、吊机导架式。

3　施工质量

由于砂袋制作过程中直径的精确度不高，灌砂率计算出入很大，颇难掌握和检验。有些地方法规(如上海)对灌砂率未予以规定。考虑到国内大部分地区仍按此规定执行，故本规范仍保留灌砂率允许偏差为 -5% 的规定。

6.3.7　塑料排水板

目前国内生产的塑料排水板，仅有企业标准，其测试项目不尽相同，试验方法也不完全一致。表 6-4 所列材料技术指标要求选自浙江省沪杭甬高速公路拓宽工程技术规范中的有关规定。

表 6-4　塑料排水板技术指标

项目			单位	设计板深(m)		备注
				<10	≥10	
材料	芯板			聚乙烯或聚丙烯塑料		
	滤膜			黏合型涤纶无纺土工布		
复合体	厚度		mm	4.0±0.2	4.5±0.2	
	宽度		mm	100±2	100±2	
	单位长度质量		g/m	80~110	90~130	
	抗拉强度		kN/10cm	>2.0	>2.5	延伸率≤10%时
	纵向通水量		cm^3/s	>50	>65	侧向压力为 350kPa
滤膜	单位面积质量		g/m^2	>110	>110	
	抗拉强度	干态	N/cm	>40	>40	延伸率 10%
		湿态	N/cm	>50	>50	延伸率 15%，水中浸泡 24h
	梯形撕裂	纵向	N	>100	>100	
		横向	N	>115	>115	
	湿态断裂延伸率		%	>20	>20	水中浸泡 24h
	渗透系数		cm/s	$\geq 5\times10^{-3}$	$\geq 5\times10^{-3}$	水中浸泡 24h
	有效孔径		mm	0.07~0.12	0.07~0.12	

2　塑料排水板施工规定

3)因塑料排水板搭接的质量往往难以控制，实际效果不好，故禁止搭接。

6.3.8　真空预压、真空堆载联合预压

真空预压法加固地基的基本原理是利用薄膜密封技术，在膜下形成真空，使薄膜内外产生一个气压差，地基在等向气压差作用下进行排水固结。在固结终了时，地基的真空压力就全部转化为有效应力。由于真空预压荷载是等向的，地基中不产生剪应力，故地基不存在剪切破坏的问题，所以真空荷载可一次施加，而不必像堆载那样要分级。因此，真空预压法可大大地缩短预压时间。

真空预压法与排水板堆载预压法相比，其主要优点是加荷时间短、工艺简单、造价低，地基不存在失稳问题，通常在设计荷载不超过 80kPa 的地基上采用是较适宜的。

6.3.9 砂桩

在软弱黏性土地基中使用砂桩与原地基构成复合地基,砂桩在软弱黏性土地基中有置换和排水两个作用。地基承载力增大率和沉降量减少率与置换率成正比。国内在淤泥质亚黏土和淤泥质黏土中形成的砂桩复合地基上进行的荷载试验,其沉降可比天然地基减少 20% ~ 30%。排水作用加快地基的固结沉降。

对砂桩质量要求严格或要求小直径管打大直径砂桩时,可以采用双管冲击成桩法或单管振动重复压拔管成桩法。

6.3.10 碎石桩

利用一个产生水平向振动的管状设备,以高压水流边振边冲在软弱黏性土地基中成孔,在孔内分批填入碎石加以振密制桩,与周围黏性土形成复合地基,这种加固技术称为振冲置换法或碎石桩法。与排水固结法相比,其加固期短,可以采用快速连续加载方法施工路堤,对缩短工期十分有利。

1 制作桩体填料宜就地取材,凡碎石、卵石、砂砾、矿渣、碎砖等都可使用,但风化石块不宜采用。各类填料含泥量均不得大于 10%。对填料颗粒级配没有特别要求,填料的最大粒径一般不大于 63mm,粒径过大不仅容易卡孔,而且能使振冲器外壳强烈磨耗。

4 施工质量检验,常用的方法有单桩荷载试验和动力触探试验;加固效果检验,常用的方法有单桩复合地基荷载试验和多桩复合地基大型荷载试验。

根据交通部重庆公路科学研究所 1990 年研究资料,对碎石桩结合荷载试验,进行了动力触探对比试验,提出表 6-5 中的建议值,作为判别桩体密实度标准,此时单桩承载力不低于 600kPa。

表 6-5 碎石桩密实度判别标准建议值(重庆)

每阵击贯入深度 Δ_S(mm)	每阵击锤击数 $N_{63.5}$(击)	密实程度	每阵击贯入深度 Δ_S(mm)	每阵击锤击数 $N_{63.5}$(击)	密实程度	每阵击贯入深度 Δ_S(mm)	每阵击锤击数 $N_{63.5}$(击)	密实程度
100	> 7	密实	100	5 ~ 7	不够密实	100	< 5	松散

中南勘察设计院提出采用表 6-6 的判别准则,以检验碎石桩的密实程度。

表 6-6 碎石桩密实度判别标准(湖北)

连续 5 击下沉量(mm)	密实程度	连续 5 击下沉量(mm)	密实程度
< 70	密实	100 ~ 130	不密实
70 ~ 100	不够密实	> 130	松散

6.3.11 加固土桩

1 加固土桩主要是以水泥、石灰、粉煤灰等材料作为固化剂的主剂,利用深层搅拌机械和原位软土进行强制搅拌,经过物理化学作用生成一种特殊的具有较高强度、较好变形特性和水稳性的混合柱状体。它对提高软土地基承载能力,减少地基的沉降量有明显效果。

6.3.12 水泥粉煤灰碎石桩

水泥粉煤灰碎石桩(简称 CFG 桩)是在碎石桩的基础上发展起来的,由于桩体中加入了水泥和粉煤灰形成了高黏结强度的桩,从而改善了碎石桩的刚性,不仅能很好地发挥全桩的侧摩阻作用,同时,也能很好地发挥其端阻作用,CFG 桩和桩间土、垫层一起形成复合地基。

1　材料要求

CFG 桩的粗集料一般采用碎石或卵石。泵送混合料时,卵石最大粒径宜为 26.5mm,碎石最大粒径宜为 19mm。

采用振动沉管时,集料最大粒径不宜超过 63mm。为使级配良好,宜掺入石屑或砂填充碎石的空隙。水泥一般采用 32.5 级普通硅酸盐水泥。

2　成桩试验需要达到以下目的:

(1)确定符合设计要求的施工工艺和施工速度。

(2)确定合理的投料数量。

(3)确定桩的质量标准。

3　CFG 桩施工

CFG 桩施工一般采用振动沉管机械设备,因此其施打顺序对成桩质量影响较大。根据经验,一般采用隔桩跳打,此时很少发生桩径被挤小或缩径现象,所以打桩顺序一定要合理。另外,由于断桩或缩径与地表隆起及桩顶的位移有直接联系,所以施工中应注意对地表和已打桩顶位移的测量。一般桩顶位移超过 10mm 时,需要对桩体进行开挖查验。为保证桩体质量,混合料一定要均匀,且投料要充分。混合料坍落度一般宜为 100mm 左右。

4　施工质量

质量检验一般应在达到 28d 龄期后进行,桩的平面位置可用经纬仪或皮尺检测,桩身质量可用低应变试验检测,而单桩和复合地基承载力可采用静载荷试验检验。

6.3.13 Y 形沉管灌注桩

Y 形沉管灌注桩是一种派生于传统的沉管灌注桩(圆形)的异形沉管灌注桩。根据“同等截面,多边形边长之和大于圆形周长”的原理,桩侧表面积增加,摩阻力相应增加,即等长等体积的 Y 形沉管灌注桩比传统的圆形沉管灌注桩侧面积增大、单桩承载力提高。

Y 形沉管灌注桩处理公路软基是按桩式路堤设计的。浙江省申苏浙皖高速公路首先进行了试验研究。

Y 形沉管灌注桩实施的关键在于桩模内设置了中隔板。沉管灌注桩的桩模在沉灌成桩过程中承受的是压缩和挤涨频繁变换的交变荷载,由于非圆形桩模断面与圆形桩模相比周边存在节点,交变荷载在节点处产生的应力集中会导致节点焊缝早期疲劳破坏。中隔板的设置使应力集中区和焊缝位置错开,固有的矛盾得以化解。而中隔板在临近出口处设有渐变段,逐步过渡到与桩模外形一致,不会影响 Y 形桩的成型。

Y 形沉管灌注桩的施工机具可采用传统圆形沉管灌注桩的施工机具,但由于侧摩阻力的提高,沉拔桩的摩阻力相应也会提高,在机具选型时必须充分考虑。

Y 形沉管灌注桩的施工操作与传统圆形沉管灌注桩没有本质上的区别,由于桩模内腔相对比圆形灌注桩的桩模狭窄,混凝土的坍落度可适当相应增加,具体数值因土的性质不同而不同,应通过试桩(确保必要的充盈系数)来确定。

Y形沉管灌注桩用于公路软基处理大多采用素混凝土桩,虽然与传统圆形沉管灌注桩相比施工成桩完整性相对提高,但与钢筋混凝土沉管灌注桩的施工相比,由于缺少钢筋笼的约束,还是应注意防止在软硬交替层产生缺陷,必要时可采取分区开挖浅层应力释放沟的措施以减少表层硬壳层的侧向位移,避免形成位移叠加效应。

Y形沉管灌注桩施工应注意控制桩和桩台的同心度,避免桩台接合部产生偏心受压。

6.3.14 薄壁筒型沉管灌注桩

薄壁筒型沉管灌注桩是一种派生于传统的圆形沉管灌注桩的沉管灌注桩,利用一个内外双管及桩靴结构,配备中高频振动锤,形成密封管状系统沉孔,并灌注混凝土,形成大口径薄壁筒桩。它的主要工作原理是高频振动沉孔、自动排土成桩。在软弱黏土地基中使用薄壁筒型沉管灌注桩与原地基构成复合地基,以增强地基承载力及有效阻抗地基滑动,提高地基稳定性,大幅度降低地基工后沉降。同时薄壁筒型沉管灌注桩也可以直接支承在砂砾层或风化岩层中,起到支承-摩擦桩的作用。按照工程设计的需要可以配置钢筋笼薄壁筒型沉管灌注桩,也可以是素混凝土薄壁筒型沉管灌注桩。桩长可以单节一次性成桩,也可以是接管型多节长桩(目前实际工程最长已达40m,在温州半岛海堤工程中使用)。壁厚为80~200mm,桩径为0.6~2m,在工程需要及地质条件许可条件下,还可发展出更长、直径更大的桩型,例如唐山曹妃甸围海大堤中采用的薄壁筒型沉管灌注桩直径为2m。

6.3.15 静压管桩

静压管桩(打入桩)在建筑地基基础工程中应用广泛,施工工艺成熟。预应力管桩在浙江省沪杭甬高速公路拓宽工程、申苏浙皖高速公路中用于处理桥头软基,效果很好,但造价非常昂贵。

2 先张法预应力管桩均为工厂生产后运到现场施打。

3 先张法预应力管桩,强度较高,锤击性能比一般混凝土预制桩好,抗裂性强。因此,总的锤击数较高,相应的电焊接桩质量要求也高,尤其是电焊后有一定间隙时间,不能焊完即锤击,这样容易使接头损伤。

6.3.16 强夯

强夯法,即"强力夯实法",或叫"动力固结法"。它是将很重的夯锤从高处自由落下,给土体以冲击和振动,从而提高地基的强度,降低土体的压缩性。它是在重锤表层夯实法的基础上发展起来而又与重锤表层夯实法不同的一项加固技术。

关于强夯法加固地基的机理,国内外的看法还很不一致。现在一般的看法是,地基经强夯后,其强度提高过程可分为以下几个阶段:夯击能量转化,同时伴随强制压缩或振密(包括气体的排出,孔隙水压力上升);土体液化或土体结构破坏(表现为土体强度降低或抗剪强度丧失);排水固结压密(表现为渗透性能改变,土体裂隙发展,土体强度提高);触变恢复并伴随固结压密(包括自由水又变成薄膜水,土的强度继续提高)。

6.3.17 强夯置换

强夯置换是强夯用于加固饱和软黏土地基的方法。强夯置换法的加固机理与强夯法不同,它利用重锤高落差产生的高冲击能将碎石、片石、矿渣等性能较好的材料强力挤入地基中,在地基中形成一个一个的粒料墩,墩与墩间土形成复合地基,以提高地基承载力,减小沉降,对墩周土体作用同强夯法。在强夯置换过程中,土体结构破坏,地基土体产生超孔隙水压力,但随着时间的增加,土体结构强度会得到恢复。粒料墩一般都有较好的透水性,利于土体中超孔隙水压力消散产生固结。

6.3.18 软土地区路堤施工

1 软土地区路堤施工应尽早安排,一般提倡给予路堤充裕的自然沉降时间,使地基固结,逐渐趋于稳定。

2 软土地区地表面层往往存在厚度不等的硬壳层,它可以使路堤底部所受应力得到扩散,起到支承作用,因此应加以保护,并充分地利用。尤其是对于低路堤,当稳定的硬壳层达到一定厚度时,甚至无需采用任何深层技术处理措施,便得到沉降量最小的效果。

4 软土路堤在填筑过程中,曾发生过不少侧向滑移、纵向开裂、剪断桥台及其桩基,以及毁坏邻近房屋和农田等事例,为了保证施工及安全,必须注意严格控制施工速率。

本规范规定控制填土速率的标准:沿路堤中线地面沉降速率每昼夜不宜大于10~15mm(对于刚性桩处理深厚软基、浅层软基处理可取10;对于采用塑料排水板处理深厚软基可取15);坡脚水平位移每昼夜不宜大于5mm,而且每填一层土,应测定一次。有关工程采用的技术标准见表6-7。

表6-7 有关工程采用的技术标准

工程名称 标准(cm)	京津塘 高速公路	杭甬 高速公路	佛开 高速公路	深汕高速 公路试验工程	泉厦 高速公路工程	《公路路基施工技术规范》 (JTJ 033—95)
垂直沉降	1.0	≤1.0	<1.0	1.3~1.5	1.0	≯1.5
水平位移	0.5	≤0.5	<0.5	0.5~0.6	0.2	≯0.5

5 软土地基施工时,要特别注意路堤和桥涵、通道等人工构造物衔接部位的施工,以尽量减少因不均匀沉降而出现的"跳车"现象和为此而投入的经常维修工作。

根据各地的经验,一方面要求桥台处路堤应提前施工预压;另一方面是桥背填土采用内摩擦角大于35°的渗水性土或采用轻质材料填筑,并注意分层压实,对压路机难进场工作的部位用小型夯机夯实。

8 吹填砂路堤施工

吹填砂路堤的砂料场,应尽量选在靠近软土施工地段的通航海湾或河流上,并事先对料场进行认真调查,使砂料的质量及储量得以保障。

吹砂路堤的盲沟,一般在吹填完成后开挖修筑,以免吹填时被泥水淤塞,丧失排水能力。盲沟可全由干砌片石修筑,或在沟壁上盖以混凝土板,内填片石亦可;盲沟尺寸及距离,应根据计算确定。

路堤吹填时,往往有大量河水及泥土流出,应迅速加以排除。排除时要与当地农田、水利等有关部门取得联系,以免造成危害。在不容许大量吹填泥水横向排除路段,应修筑不透水挡土堤,以引导水流纵向流到合适位置再行排除。

凡砂料直接暴露的路堤,均应铺筑包边土,以防路堤崩塌和冲刷,它也是对边坡的一种防护方法。

包边土可采用黏性土修筑,厚度一般为0.4~1m。

在铺包边土前,应对填砂路堤的边坡坡度按设计要求进行修整。

9 矿渣路堤施工

矿渣是高炉重矿渣的简称,是炼铁高炉的熔渣,从高炉运到渣场后,在大气中自然冷却凝固的废渣;或在凝固时通过浇水使之受冷破碎,或经过一定时间的自然消解,再经过破碎加工,即为矿渣碎石。用这种材料填筑的路堤具有慢性凝结板整体性作用,强度高、造价低。其一般性质见表6-8、表6-9。

表6-8 矿渣主要化学成分(%)

SiO_2	Al_2O_3	CaO	MgO	Fe_2O_3	MnO
25~40	20~50	20~50	0.5~4	0~2	0~5

表6-9 矿渣一般物理、力学性质

相对密度	松方密度(t/m^3)	压碎值(%)	吸水率(%)
2.06~2.86	1.15~1.30	33.8~36.0	10.0

6.3.19 路堤施工观测

在软土地基上修筑公路路堤,最突出的问题是稳定和沉降。为掌握路堤在施工期间的变形动态,必须进行动态观测。动态观测项目除设计有明确要求的外,一般视工程的重要性和地基的特殊性,以及观测对施工的影响程度等来确定。高速公路、一级公路或二级公路设计车速高,路面平整性要求高,因此,规定施工过程中必须进行沉降和稳定观测,一方面保证路堤在施工中的安全和稳定,另一方面能正确预测工后沉降,使工后沉降控制在设计的允许范围之内。

观测点应设置在需要观测的位置,它将直接反映出测点处地基变形情况,因此,测点的设置位置不仅要根据设计要求,同时还应针对施工掌握的地质、地形等情况调整或增设。

沉降和稳定等观测点最好设在同一横断面上,这样有利于测点看护,便于集中观测,统一观测频率,更重要的是便于各观测项目数据的综合分析。

测点保护工作十分重要,很多试验由于观测后期对测点保护不力,或不保护,致使测点破坏或管子阻塞而无法继续观测,造成前功尽弃。因此,在本条中强调了对测点的保护,旨在保证观测工作能善始善终,取得满意成果。

观测频率应与位移速率相适应，位移越小，观测频率越小；反之位移越大，观测频率越高。一般路堤在极限高度以下，位移较小，观测次数可少些。极限高度以上填筑时，路堤极易失稳，因此，要求每填一层均要观测，间歇期要增加测次；当位移曲线骤然变大时，更要跟踪观测，分析原因，并考虑是否需要采取措施。

7　稳定性观测

1)对地基稳定性最好是埋设深层测斜管进行观测，但由于测斜管埋设难度大，测定工作量也大，对生产路段来说不太现实，因此，一般均通过在路堤趾部以外埋设位移边桩来观测其位移情况。由于其简单易测，故为一般工程所常用。

地面横向位移标(边桩)观测断面纵向的设置间距(100～200m)是以目前国内几条高速公路通常采用的间距为依据确定的，其中考虑了既要了解掌握地基位移情况，又不致给施工单位增加过大的工作量。这里重点强调了桥头纵向坡脚、填挖交界的填方端、沿河等特殊路段应酌情增加设置观测点，因为这是极易失稳的部位，故本款对这些特殊路段提出增加测点的要求。

2)边桩的设置个数是以控制路基稳定为目的而确定的。如果路基失稳，路堤两侧一定范围内必定会有隆起的迹象，因此，边桩应打在最可能隆起的部位。根据有关试验路资料和工程实践，一般地基失稳隆起位置大都在路堤两侧坡脚以外3～5m的地方，因此，本款除要求在这一范围内设置边桩外，还要求应结合根据地基条件预测的可能出现的滑裂面位置，来设置位移边桩。

边桩的长度应是原地面以下要求的埋深加所穿过的填筑层厚度和外露高度之和。

工作基桩是作为控制测点的基准桩，因此，必须打设在变形区以外。一般软土地基多在平原地区，软土区域分布很广，靠数米长的预制桩打入作为控制基桩不保险(人为影响而变位)。因此，建议采用废弃钻孔无缝钢管作为桩身，采用钻孔设备打入，可使桩身埋入土中10m以上，这样可保证基桩的基准性和测点的长期观测。

3)校核基点用以控制工作基点，要求布设在变形区以外地基稳定的地点。平原地区可用预制混凝土桩或无缝钢管(钻孔废弃的)作桩体，打入深度要求大于10m。丘陵或有岩体露头的区域，可采用预制混凝土桩打到硬土层或直接以坚硬的露头岩体作基点。总之，校核基点(桩)在使用过程中不能有位移。

4)地基土体内部水平位移的观测，首先需要深埋测斜管，通过测斜仪进入测斜管测定沿深度方向各点的水平位移值。测斜管的埋设要求很高，既要埋深至无水平位移的深层硬土中，又要严格控制测斜管在土中的垂直度，而且观测工作量也较大，故一般不作为常规施工生产路段的观测项目。但沿河、临河等凌空面大而稳定性很差的路段，为防止施工中路基失稳或有效地控制路基填筑速率，根据需要确定进行这一观测项目。

8　沉降观测

路堤施工沉降观测的目的主要有三个：一是控制填土速率；二是根据实测沉降曲线观测地基固结情况，根据推定的残余下沉量确定填方预留沉降量、余宽及涵洞的预留沉降量和断面余量，同时确定构造物和路面结构的施工期；三是实测路堤沉降，为施工计量提供依据。因此，一般软土地基路段施工，要求每间隔200m左右设置一个观测点。桥头引道路段至少设置3个观测断面,第一块沉降板应设置在桥头搭板末端或桥台桩位处(有台前预压时),沉降板间距离不宜超过50m。

无论在纵向还是在路堤横向,沉降板布点越多,测得的结果越能反映路堤沉降的真实性。但测点越多,无论是费用还是测试工作量、测点保护工作量和测点对施工的影响等方面因素都有增加,从满足需要与施工便利性考虑,一般路段沉降板设置在路中心,桥头引道增设路肩及坡趾(可用边桩兼测)测点。

沉降板结构除测杆使用具有一定刚度的金属管较妥外,底板也可用混凝土浇制,保护套管可用硬质并具有一定强度的塑料管。保护管的作用是使测杆处于自由状态,防止测杆与路基填料直接接触发生摩擦,影响沉降观测结果。

测杆顶应略高于套管上口,这是因为观测时水准尺要直接置于测杆顶,若套管高于测杆则无法立尺。

盖顶距碾压面高度不宜大于0.5m,有两个原因:一是沉降板接长后自由高度过大时易损坏,自然力和人力作用易折断或弯曲,标高变化或者测杆与套管卡住,而不反映正确的沉降量;二是自由高度过大,则立尺不稳定或无法立尺。

观测仪器采用S_1及S_3水准仪。S_1水准仪作二等水准测量用,主要用于工作基桩和校核基桩标高检测;S_3水准仪作三等水准测量,主要在填筑过程中用于观测沉降。

利用工作基准桩及校核基桩观测水平位移和沉降,可以了解到地基变形范围及桩本身处的变位情况。

9　沉降测点保护与位移测点保护同样重要,除考虑施工机械碰撞外,还应考虑现场环境、人为因素的损坏。

6.4　红黏土地区路基施工

红黏土(red clay):碳酸盐类岩石在亚热带温湿气候条件下经风化后形成的褐红色黏性土。压实后水稳性较好,强度较高。

6.4.2　处理措施有:

(1)掺加砂砾能改善高液限土(红黏土)的液限、塑性指数以及CBR值,当粗粒料含量大于35%~40%时一般能达到标准土质的填筑要求。

(2)随着砂砾含量的增加,对裂缝的抑制作用愈来愈明显,抗裂性能得到相应提高。

(3)化学改良(掺入石灰、水泥等外加剂)可有效降低含水量,提高强度,同时又可降低塑性指数,提高水稳性。

(4)包边法:将不能直接填筑的红黏土进行隔水封闭。外包材料为水稳性较好的低液限土。但是对于碾压稠度偏低(小于1.15)导致难以压实的红黏土应避免采用此法。对于该法,建议用于下路堤填筑。

6.5 膨胀土地区路基施工

膨胀土是指土中黏粒成分主要由亲水性矿物组成，同时具有吸水膨胀、失水收缩两种变形性质的高液限黏土。凡是同时具备下列两个条件的黏土即可判断为膨胀土：液限大于或等于 40%；自由膨胀率大于或等于 40%。

膨胀土根据其膨胀率大致可分为强、中、弱三级，一般在设计文件中有规定，也可取样通过土工试验而定。按照自由膨胀率 Fs，膨胀土可分为：

弱膨胀土：40% ≤ Fs < 65%

中等膨胀土：65% ≤ Fs < 90%

强膨胀土：Fs ≥ 90%

强膨胀土难于捣碎压实，故条文规定不应作为路堤填料。对于中、弱性膨胀土，经处理（一般掺石灰）可作为路床填料，用作高速公路路面底基层石灰土也有成功实例。要求处治后的中、弱膨胀土的塑性指数降到满足施工要求，便于粉碎压实，浸水 CBR 强度符合本规范表4.1.2的规定。在这样的条件下，处治后的土，经压实之后是稳定的。作为路堤填料的膨胀土，高速公路及一级公路宜进行处治；如采用包边的方法，并及时采用浆砌片石护坡，亦可不加处治。弱膨胀土可作为三、四级公路的路堤填料，在水文条件较好时，亦可不作处理。条文对膨胀土地区路堑施工也作了相应的规定，其目的是保持这类土的水稳性。

中、弱膨胀土改性后作为路堤填料已在公路建设中普遍使用，并取得成功。在使用时都是在膨胀土中掺一定量的石灰，对土进行改性，即“砂化”，主要使膨胀土砂化，降低塑性指数、含水量，便于粉碎、压实，同时也降低膨胀土的膨胀量，提高膨胀土的强度和水稳性。

石灰掺量的多少与膨胀土的矿物组成有关，与改性后的性能要求有关，必须由试验确定。施工时还应注意以下几点：

（1）中、弱膨胀土改性掺石灰的用量应由试验确定。

（2）掺石灰宜分两次进行。第一次掺石灰是为“砂化”，降低塑性指数，便于粉碎；第二次掺石灰是为提高强度，控制膨胀量。“砂化”的时间视土块程度而定，第二次掺石灰的剂量视浸水 CBR 值要求大小而定。

（3）膨胀土掺石灰后，土与石灰在化学与物理化学作用下，进行离子交换作用、碳酸化作用、结晶作用、灰结作用，随着时间的延长，混合料中的钙、镁含量要衰减，最终为零，灰土的干密度也要随之衰减，而灰土的强度随之增大。

（4）掺石灰后，一定要控制土块粉碎后的大小，宜将 16mm 粒径的土块控制在 15% 以内。否则大土块多达不到改性的目的，吸水后强度下降造成质量问题。

6.6 黄土地区路基施工

6.6.1 黄土路堤的边坡容易遭受雨水冲淘，防水措施极为重要，故成型后的路堤应及时拍紧、整平、刷顺,做好排水防护工程,防止受雨水的浸害。

6.6.2 基底处理

3 防止黄土地基受水浸而湿陷,可按设计要求或根据实际情况采用垫层法、强夯法、冲击压实法、素土桩(石灰桩、碎石桩)挤密加固法、重锤法、换填土、预浸水法、灰土改性加强、压力注浆法、单液硅化或碱液加固法等措施加固黄土地基,加固的目的是提高土层的承载力,减少路堤下沉量。一般情况下,地基处理范围为:大于基础的平面尺寸,每边宽出基础外缘的宽度不宜小于3m。

6.6.3 黄土地区多半干旱少雨,水源稀缺。高岗土一般偏干,低于或稍低于最佳含水量,采用15t以上重型压实机具,控制层厚,可以获得满意的压实效果。低阶地和农业灌溉区含水量一般偏大,一级以上公路施工为争取时间,通常采用加入石灰的处理方法,十分有效,拌和一般采用稳定土拌和机,其压实厚度不宜大于200mm。

路堤压实宜采用重型振动羊足碾,松铺厚度250~300mm,一般碾压5~7遍,即可达到规定的压实度。如采用50t特重型压路机,松铺厚度可达400mm。准确控制松铺厚度,是保证压实度的前提。

当采用振动压路机时,第一、二遍不振动静压,采用低碾压速度,先慢后快,一般为2~4km/h,继而由弱振至强振,但最大行驶速度不宜超过6km/h。

在碾压时,严格掌握土的含水量,可略小于试验的最佳含水量,低于最佳含水量1%~2%,压实效果会更好一些。碾压过程中,要注意碾压遍数。如增加碾压遍数,会造成路基表面出现土质干裂成粉(约10~20mm厚),继续增加碾压遍数,干裂深度会加深,反而难以压实,所以应注意碾压吨位与碾压遍数的协调,做到一次压实成功。

黄土地区路床的土基强度应符合设计要求,当不能满足要求时,应对原土进行处治。

路堤填筑,应充分考虑黄土特性,土方工程完成后,其断面应满足设计要求。

压实质量的好坏直接影响路基的整体强度、稳定性,压实是公路工程施工过程中的一个重要环节。根据黄土地区近几年的路基施工经验,增加该条文。

高路堤路基边缘部分通常两侧每边加宽0.3~0.5m,路堤完工后进行刷坡,一般刷0.7~1m高,然后做一外倾的护坡道,并将下部刷顺,夯拍紧密。

6.6.4 黄土是一种特殊的土,遇水之后强度变化很大。高速公路、一级公路交通量大,平整度要求较高,为确保高速行车舒适,营运中路床不产生变形,故对上路床的土质提出了强度的规定。

6.6.5 黄土经水的冲蚀形成的暗沟、暗洞、暗穴等统称陷穴,它的危害很大。黄土陷穴是由黄土的某些特性(垂直节理、多孔性、大孔性、含可溶盐等)所引起的一种物理地质现象。

当黄土类土受水浸泡时,水一方面溶解黄土中的可溶盐,另一方面在黄土微粒间起着润滑作用,使黄土微粒在自重作用下发生位移下沉,使地表发生沉陷现象。故条文规定,应将地表水、地下水引入防渗层的水沟内排走。

水的潜流溶解黄土中的可溶盐,破坏黄土结构,松动黄土微粒及其集合体,并携带它们流向出口。这样逐渐掏蚀黄土体,使其中产生暗穴。暗穴的洞壁坍塌,又使其逐渐扩大。

陷穴有多种类型,一般多呈竖井状及串珠状。在地形起伏多变、地表径流容易汇集的地方和在土质松散、垂直节理较多的新黄土中,最容易形成陷穴。在填方路堤中,填土夯实密度不足是陷穴病害的主要根源。陷穴对公路运输畅通和安全具有相当大的危害,一般均需按条文规定进行处理。

2　黄土陷穴处理可以采用以下措施:

(1)灌砂法:本法适用小而直的陷穴,以干砂灌实整个洞穴。

(2)灌浆法:本法适用洞身不大,但洞壁起伏曲折较大,并离路基中线较远的小陷穴。施工时先将陷穴出口用草袋装土堵塞,再在陷穴顶部每隔 4~5m 打钻孔作为灌浆孔,待灌好的土浆凝固收缩后,再在各孔作补充灌浆,一般需要重复 2~3 次,有时为了封闭水道也可灌水泥砂浆。

(3)开挖回填夯实:本法适用于各种形状的陷穴,填料一般用就地黄土,并分层夯实。

(4)导洞和竖井:本法适用较大、较深的洞穴。由洞内向外逐步回填夯实,在回填前,应将穴内的虚土和杂物彻底清除干净。当接近地面 0.3m 时,应用老黄土或新黄土加 10%的石灰拌匀回填夯实。

6.7　盐渍土地区路基施工

6.7.1　路堤填料

1　盐渍土作为路堤填料的适用性,首先与其所含易溶盐的性质和数量有关。盐渍土按含盐性质分类见表 6-10,按盐渍化程度分类见表 6-11。其次与所在自然区域的气候、水文和水文地质条件有关,此外也与土质道路技术等级和路面结构类型有关。

表 6-10　盐渍土按含盐性质分类

盐渍土名称	离子含量比值	
	Cl^-/SO_4^{2-}	$(CO_3^{2-}+HCO_3^-)/(Cl^-/SO_4^{2-})$
氯盐渍土	>2	—
亚氯盐渍土	1~2	—
亚硫酸盐渍土	0.3~1.0	—
硫酸盐渍土	<0.3	—
碳酸盐渍土	—	>0.3

注:离子含量以 1kg 土中离子的毫摩尔数计(mmol/kg)

表 6-11 盐渍土按盐渍化程度分类

盐渍土名称	细粒土 土层的平均含盐量(以质量百分数计)		粗粒土 通过 1mm 筛孔土的平均含盐量 (以质量百分数计)	
	氯盐渍土及亚氯盐渍土	硫酸盐渍土及亚硫酸盐渍土	氯盐渍土及亚氯盐渍土	硫酸盐渍土及亚硫酸盐渍土
弱盐渍土	0.3～1.0	0.3～0.5	2.0～5.0	0.5～1.5
中盐渍土	1.0～5.0	0.5～2.0	5.0～8.0	1.5～3.0
强盐渍土	5.0～8.0	2.0～5.0	8.0～10.0	3.0～6.0
过盐渍土	>8.0	>5.0	>10.0	>6.0

注:离子含量以 100g 干土内的含盐总量计。

含盐量大的土层一般分布在地表数百毫米的范围内。实际检测时,如发现上、下层含盐量不一样,但总的平均含量未超过规定允许值时,可以通过将上、下两层盐土打碎拌和来保证填料含盐量的均匀性。

3 根据以往公路、铁路多年实践经验,石膏土或石膏粉均可作为路堤填料。蜂窝状和纤维状石膏土,由于其疏松多孔,用作填料时,应破碎其蜂窝状结构,以保证达到要求的压实度。

6.7.2 盐土地区路基基底的处理,主要与基底的地表含盐量和地下水位有关。

一般含盐量大的土层多分布于地表,所以路堤基底的含盐量如超过规定允许值时,在填筑时先要挖除。

盐土地区的地下水位一般是比较浅的,如果地下水的毛细水能进入路堤土体内,则土体的含盐量将逐渐增加,产生次生盐渍化,铺填渗水性好的大颗粒土或铺隔离层,可隔断毛细水使其不能进入路堤土体。

在修建沥青混凝土路面和水泥混凝土路面地段,仅采用渗水性填料,虽能隔离毛细水进入路堤土体,但不能防止强烈蒸发所产生的气态水携盐上升,含盐水分聚积于路面下面造成破坏。因此在路堤下部设置封闭性的隔水层是必要的。

6.7.3 采用重型击实标准,可以增大填筑土的密度(密度对盐胀量有一定影响)。密度大的路基对水和盐分的上升起阻碍减缓作用,可使次生盐渍化大为减轻。压实时,宜控制含水量略低于最佳含水量。在干旱缺水地区含水量不足时,应补水到最佳含水量的60%～70%以上,也可采用增大压实功能的方法来达到要求的压实度。限制压实层松铺厚度是保证压实度达到规定的重要措施。

6.7.6 在盐渍土地区,水对盐土所造成的溶蚀是影响路基稳定的主要因素,雨水、融雪水的地面径流以及人为的排灌水、流动水和积水携盐侵入路基,使路基土体聚积过量的含盐水分导致路基失稳破坏,因此施工中应及时合理地做好排水系统。

6.8 风积沙及沙漠地区路基施工

6.8.5 取土和弃土

1 为防止扰动路基，主风向单一时，取土坑应设在下风侧路堤坡脚处至少 5m 外。当必须两侧取土时，应对取土废坑封闭或摊平。对粗沙平地一般不宜取土，应加以保护。

2 沙漠地区天然稀疏的植被是十分宝贵的，植被和长期形成的地表是防风沙的天然屏障，不宜扰动，因此取土坑应尽量减少对植被和原地貌的大面积破坏，以免形成新的沙害，取料结束后应尽快整平，恢复原有植被。取土坑原地面的草皮、腐殖土或其他不宜用作填料的土均应废弃、处理。

6.8.6 填方路堤

1 填方路堤施工前的原地面，应按照设计进行清理。基底属粉质淤积土路段沙基施工，如果路基高度在 1.0 ~ 1.5m 以下时，应换填一定厚度的风积沙，其厚度应满足基底强度要求，一般不小于 600mm。

2 沙基填料，不得使用沼泽土、淤泥、冻土、含草皮土、生活垃圾、树根和含有腐朽物质的土。对有机质含量大于 5%、液限大于 50%、塑性指数大于 26 的土，不得直接用作路堤填料。

3 路堤填筑采用水平分层填筑方式，便于质量控制，填筑时按照横断面全宽推筑。当路线跨越深谷，地面沙丘高差大、陡坡路段上半填半挖的沙基及难以水平分层卸土路段可采用竖向填筑方法，沿路线纵向逐步向前深填。

6.8.7 挖方路基

挖方要减少对沙体的大面积扰动破坏，以免形成沙害，同时增加工程量，所以挖方路基施工前应做好施工组织设计，核实调整土方调运图表。开挖前应按路基放样桩志标明的轮廓，减少超挖，杜绝乱挖。根据组织设计配齐成套的各种必要的施工机械，并做好保修准备。

路堑开挖中，如遇土质变化或达不到设计要求需修改施工方案及边坡坡度时，应及时报批。

6.8.8 土工布

在流动沙漠地区沙基上铺设土工合成材料，可以提高沙基的抗剪能力和承载能力，起到加固沙基的作用，有效阻止沙基在荷载作用下变形，同时方便施工。

土工布采用聚丙烯编织布，幅宽根据路面宽而定。尽可能采用整幅土工布摊铺。所选用的编织布应具有足够的强度，要满足表 6-12 的质量标准。

编织布外观应质地均匀，编制规整，不得采用黏结、断丝、缺经少纬的次品，应放于阴凉室内或土埋储藏，储藏期从出厂日期算起不得超过 18 个月。

表 6-12 聚丙烯编织布质量标准

项目	握持强度 (kN)	刺破强度 (kN)	梯形撕裂强度 (kN)	CBR 顶破强度 (kN)
标准值	≥1.2	≥0.5	≥0.30	≥2.5

土工布施工沿路线纵向由人工或机械牵引(如压路机),将每卷土工布(不宜超过500m)展铺在沙基上,展铺时尽量减少皱褶。展铺后严禁非作业车辆在其上行驶。编织布应拉紧张平,为防止被风掀起,可在边缘搭接处撒少许风积沙或天然砂砾压住。相邻两幅土工布的接头,可用细铁丝或延伸率较小的尼龙绳呈"之"字形穿绑,或采用其他有效方法连接。

土工布展铺好后,用振动压路机振动碾压一遍,可使土工布与沙基结合紧密,增强沙基表层密度。土工布破损时,应采用面积大于破损面各边 200mm 的方形土工布置于其下部并铺平。

6.8.9 沙漠路基压实

沙基压实要根据当地气候和水源条件,确定采用干压实或湿压实方法。一般有水源或潮湿地区,采用湿压法;对极端干旱的流动沙漠地区可采用干压实方法。干压实时,应采用振动压实机具。

用于路基干压实的压路机应具备以下技术性能:10 ~ 20t 铰接式自动振动压路机;振动频率在 30 ~ 40Hz,振幅在 0.4 ~ 0.1mm 之间;碾压速度不大于 6km/h。路基干压时,应采用高频低幅的原则。

用压路机直接在沙基上进行振动碾压,碾压遍数为:填方路段 3 ~ 4 遍,挖方路段 2 ~ 3 遍,碾压速度以 2km/h 为宜。必须指出,振动碾压遍数不宜过多。碾压遍数过多将使沙粒重新分布组合,达不到压实效果。路基表层的碾压,在铺完编织布和砂砾底基层后,按要求振动碾压 1 ~ 2 遍。

流动性沙漠地区土质多系粉质超细沙,大都是粒径为 0.06 ~ 0.12mm 的风积沙,超细沙占 60%左右,粉粒含量很少,颗粒表面活性低,松散性强,保水性差,采用振动干压实整体强度较高。

表 6.8.9 中的压实度以部颁《公路土工试验规程》重型击实试验法为准。沙基的压实度检测方法可采用环刀法、核子密度仪法或其他方法。采用核子密度仪法时,应先进行标定和对比试验应根据其类型,按说明书要求办理;用环刀法试验时,环刀中部处于压实层厚的 1/2 深度。

每一压实层均应检验压实度,合格后方可填筑其上层,否则查明其原因,采取措施进行补压。检验频率:每 1 000m^2 每压实层测 2 点;不足 1 000 m^2 时,至少检测 2 点。压实度检验必须都符合规定,必要时可根据需要增加检验点。

填方地段基底应在填筑前进行压实。当路堤填土高度小于路床厚度(0.8m)时,基底的压实度不应小于 90%。

6.8.10 防沙工程

1 沙漠公路既要注意路基本体的防护，又要注意路基两侧一定范围内的沙质地表的防护。防护的方法有：工程防护、植物防护、综合治理等措施。

利用杂草、芦苇、树枝以及其他材料，在流沙上设置沙障或覆盖，固结沙面等，称为工程防治措施。工程防沙又称物理防沙或机械防沙。用于防沙工程的芦苇材料不宜在路基近处堆放，应距路面边缘2m外堆放；为防止积沙，堆放时间不能太长。做到随用随运，准备几个料场堆料。

防沙工程的施工要与公路路面施工同步进行。阻沙和固沙工程应同时施工，路基施工应及时清理路肩。防沙工程应避免在大风天气施工。防沙工程应以固、阻、输、导相互结合使用较为适宜。

2 砂砾或黏土、乳化沥青等覆盖固沙施工适用于产有砂砾或黏土等材料的流沙路段防护，多用于平坦流动沙地和靠近路旁的流沙防护。采用天然砂砾覆盖沙表面，厚度一般为30～50mm。掌握“迎风坡厚、背风坡薄，沙丘上部厚、下部薄”的原则，把整个沙丘全面覆盖。具体根据设计图纸定出防护位置，计算材料用量。在覆盖前应整平沙面，运集料至路边，卸料在路肩或边坡防护位置，人工进行摊铺。采用砾石覆盖时，要捡出大粒径砾石，控制粒径在63mm以下。

3 平铺杂草固沙适用于产有草类地段的沙丘防护，利用各种草类，截枝条全面铺压或带状铺草。铺草压沙厚度50mm左右。须用草绳或枝条纵横固结，或者用沙压盖，以免为风所毁。

4 草方格沙障是用麦草、稻草、芦苇材料将草插入沙层内直立于沙丘上，在流沙上扎成方格状的半隐蔽式沙障。固沙芦苇方格要采用已被碾压成扁状且柔性的较新芦苇。

草方格施工，要按设计要求测量放线，达到美观和防沙要求。布设草方格，格状规格一般为1.0m×1.0m、2.0m×2.0m。规划好扎芦苇方格的位置后，将已截好的芦苇（长度为700mm），沿位置线整齐均匀地摆好，材料中心应落在位置线上，再脚踏平头铁铲将其插入设计要求的深度，掌握在150mm左右。芦苇外露在200mm左右。方格形成后用脚将芦苇根部的沙踩紧，并用铁铲将方格中心的沙子向外扒一扒，以便使方格内形成浅弧形洼地。每个芦苇方格的干芦苇用量：1.0m× 1.0m的方格（算两个长1m的边），设计用量一般为1.0～1.2kg。草方格排列布设形式与主风向成45°角时，防护效益最佳。在风向比较单一的地区，可把格状沙障栽成与主风向垂直的行列式沙障。

5 阻沙措施是通过工程措施将行进中的风动沙流阻止在距公路较远或有一定距离的地方，防止公路沙害。该措施一般多用于沙源丰富地区的固沙带或阻沙措施外缘的辅助措施。外侧的阻沙栅栏与内侧的固沙草方格应同时施工，若不能同时施工，应先设栅栏，后设固沙方格。

阻沙栅栏材料以原状芦苇为主，长度在1.5m以上，埋入沙中200mm，外露1 300mm。阻沙栅栏均为透风结构，疏透度为20%～30%。栅栏必须沿沙丘主梁或副梁，设置在迎风坡距脊线外1.5～2m处。栅栏立桩间距一般为2～3m，两桩间地形起伏较大时应加桩，使栅栏下部与地面之间不出现空隙，并在栅栏两侧设低立式芦苇沙障以防根部风蚀。

施工前要测量放线,布设栅栏位置。栅栏位置应在固定草方格外侧,原则上与固沙带之间有10~15m空余带用于停积外侧来沙,可视环境调整,切忌设在落沙坡、落沙坡脚及丘间洼地等位置。沿放样位置线挖200mm深的沟。布设立桩位置,每隔2~3m一个。桩径不小于50mm,长度1.5m。木桩钉入沙中0.5m,外露1m。木桩间用铁丝连接。铁丝绑在桩顶以下100~200mm或桩顶处,牵引加固。每个木桩均要在两侧锚固。铁丝的一头拴住木桩,另一头拴在小木桩或芦苇束上,与栅栏成45°角拉直。铁丝埋入沙中300mm。

用芦苇做阻沙栅栏时,芦苇用量每延米2~3kg。沿挖好的坑在地面上均匀摆放好(每根芦苇间要留透风间隙),把摆放好的芦苇立起插入坑内,并在离地面一定高度的水平位置(一般为0.9m)上用前后2束芦苇束将立起的芦苇夹住,并用铁丝绑牢。芦苇束用多根芦苇错开接头连接而成,其接头应均匀分散在长度方向上,不得集中在一个截面上。

回填栅栏沟,并用脚踏实。在风蚀强烈部位的栅栏两侧应扎制1~2道草方格(1m × 1m)或一道低立式芦苇沙障,对栅栏进行加固,以防掏蚀。在栅栏底部仍然有掏蚀现象,可在其下部进行加密处理。用高为0.7m的芦苇,每延米用量500~600g,在栅栏底部进行加密,与高立式栅栏同时栽埋,埋深0.2m,露出0.5m,均匀摆开,以避免栅栏下部被掏蚀后倾倒的现象。

6　植物固沙是防治沙害、改善环境的根本措施,不仅能减弱风沙流危害,而且其根系能固结周围沙粒,枯枝落叶利于有机质聚集,改变沙土性质,使沙丘趋向稳定。

植物固沙包括种草、灌和乔木,三者配合可形成良好的防沙体系。植物固沙关键条件是水,必须通过自然或人工方法获得。植物管理比较困难,并且由于植物生长慢,固沙所需时间较长。

一般在年平均降雨量大于100mm、沙层含水量大于2%~3%的半干旱荒漠地带或地下水较浅及有水源的地方,应采用植物固沙。

6.9　季节性冻土地区路基施工

冻土(frozen soil):温度低于0℃且含有冰晶的土。季节性冻土(seasonal frozen soil):冬季冻结春季融化的土层。自地表面至冻结层底面的厚度称冻结深度。路堤填筑高度小于冻土深度的路堤为全冻路堤。

6.9.1~6.9.3　路基冻害除设计原因外,施工的问题也很多,如对路基抗冻设计意图不理解,对冻害的条件不掌握,对出现的冻害问题不研究、不处理等。因此,条文强调施工要遵循设计要求,在开工前应对冰冻条件及路基的抗冻情况进行调查、核对,在施工中发现冻害应及时处理,防止路基受冻害。

6.9.4　路基填料

路基上、下路床是冻胀最严重的部位。实践证明,条文所列材料及粗粒土填筑的路基多年来很少有冻胀发生。

使用石灰、水泥及粉煤灰等稳定剂改善路基土是解决冻胀的有效方法,但是稳定材料掺量要适当,过多造成浪费,过少达不到改善目的,所以条文规定要通过试验确定。

冻土、非透水性过湿土,经过处理可以填筑路基。

6.9.5 冻胀土挖方段路基采用换填砂砾处理,仍然会出现冻害问题。试验研究证明,冻害的主要原因是,换填材料中易冻胀的粉性、黏性颗粒含量过多,换填工艺不合理,换填深度不够,填料的压实度达不到要求,排水设施排水效果不佳。这些都是导致路基冻胀病害多的原因,因此,条文提出相应要求。

6.9.6 季冻区石质挖方出现冻裂、软弹或下沉,主要是由路床施工不当造成的。对此,条文提出处理要求。

6.9.7 吉林省交通厅组织调查了季节性冻土地区沥青混凝土及水泥混凝土路面的非全冻路堤,发现存在冻胀变形、翻浆和纵向裂缝等病害,见表6-13。这些病害主要是由路基填料抗冻性不良,施工违反规定及水的浸入所造成。本条在原规范的基础上,结合施工经验提出具体做法和要求,施工中应严格遵循。

表6-13 沥青混凝土及水泥混凝土路面非全冻路堤冻害调查

公路里程位置	填高(m)	路面	主要冻害	主要原因
长平高速公路 K105+500左	4.0	黑色	行车道鼓胀翻浆	底基层二灰土冻胀 $w=27\%$
长营高速公路 K47+200~150左	10.2	黑色	行车道纵裂80m	路床风化山砂冻胀 $w=10\%\sim15\%$
营白二级公路 K129+650左	1.6	白色	纵裂65m	两侧水田、黏土路基冻胀
营白二级公路 K113+860右	1.85	白色	纵裂200m	两侧水田、黏土路基冻胀
某二级公路 K362+875右	8.2	黑色	纵裂、沉陷6×30m	风化砂垫层、黏土路基冻胀 $w=20\%\sim26\%$
某二级公路 K374+302右	4.8	黑色	纵裂宽度大者140mm	基层及黏土路基严重冻胀
某二级公路 K375+400右	5.1	黑色	纵裂坑槽160m,基层垫层松散	路基黏土、粉土冻胀严重 $w=23\%$
某高速公路 大部分路段	2~4	白色	纵裂达40%	路基均为粉黏土,严重冻胀

6.10 多年冻土地区路基施工

(1)冻土的一般概念

多年冻土(permafrost):持续三年或三年以上的冻结不融的土层。其表层冬冻夏融,称季节融化层。多年冻土层顶面距地表的深度,称冻土上限,是多年冻土地区道路设计的重要数据。

季节融冻层:受季节冻结和融化作用的地表层。

季节冻结层:冬季冻结时不与多年冻土衔接的土层。

衔接的多年冻土:多年冻土上限与季节融冻层相衔接的冻土层。

不衔接的多年冻土:多年冻土上限与季节冻土层不相衔接的冻土层。

多年冻土分类:少冰冻土(不融沉);多冰冻土(弱融沉);富冰冻土(融沉);饱冰冻土(强融);含土冰层(强融沉)。

饱冰冻土:土中所有空隙均被冰充填的冻土。

含土冰层:地质构造中以冰为主含土量较少的地层。

(2)多年冻土的力学性质

冻土一般由矿物颗粒、冰、未冻水、气体四相组成。多年冻土力学性质如下:

①荷载强度

a. 瞬时荷载强度

多年冻土由于冰的胶结作用,瞬时抗压强度比未冻土大许多倍。强度随温度降低而提高,因为温度降低时不仅含冰量增加,而且冰的强度也增加。

b. 长期荷载强度

多年冻土在长期荷载作用下,抗压强度比瞬时荷载作用下要小很多。多年冻土的强度与含冰量及温度有关,由于冻土中有冰和未冻水存在,在长期荷载作用下呈现强烈的流变性。

c. 冻土融化强度

多年冻土区,冻土融化时能使抗压和抗剪强度明显下降,特别是含水量大的冻土,融化后的内聚力约为冻结时的 1/10,土的固有结构被破坏,融化的冻土变成具为高压缩性和稀释的土体,这也是多年冻土地区地基融陷的原因。

②冻土的压缩性质

多年冻土在短期荷载作用下,压缩性很低,类似岩石,一般不计变形;但在长期荷载作用下,尤其是温度为 $-0.1℃\sim0.5℃$的塑性冻土,其压缩变形相当大。

融陷变形一部分与压力有关,一部分与压力无关,因此冻土构造及其中腐殖质的含量对融化下沉系数有很大影响。

③冻土的流变性

流变是冻土强度的主要特征之一,它包括蠕变和松弛两个方面。

蠕变是指在不变的压力作用下变形随时间而发展,当荷载不超过持久强度界限时,冻土呈现衰减型变形,逐渐趋向某一稳定值,一旦荷载超过持久强度,冻土便出现塑-黏性流动,荷载越大,变形速率越甚。

松弛是指在固定的条件下,压力随时间而衰弱。当荷载迅速增加,塑性变形来不及发展时,冻土的破坏即带有脆性特征,此时破坏应力值增大。加荷速度越快,应力值越大,但当荷载略小于持久强度时,冻土体则不会遭到破坏。

④冻土的冻胀与沉陷

影响冻胀力的主要因素有：水分、土温、土质、冻结速度、冰冻层厚度等；其中，含水量、颗粒成分、温度状况也是影响冻土沉陷的主要因素。

对于多年冻土，当土质和温度条件一定时，水分是影响冻胀力的主要因素。在水分和土温一定的情况下，冻胀力和颗粒组成有密切关系。试验表明，亚砂土低于 -0.1℃ ~ 0.2℃，亚黏土、黏土低于 -0.2℃ ~ 0.3℃，土中开始产生冻胀力，但纯净的粗颗粒土，尽管处在不充分饱水条件下，也几乎不产生冻胀现象，这对实际工程应用有较重要意义。

冻土融化时沉陷，可分为热力沉陷和压实沉陷。由于多年冻土中的胶结冰融化为水冻土的物理力学性质发生明显变化，使冻土产生体积收缩和空隙率减少，导致路基的不均匀沉降。

6.10.1 ~ 6.10.5 考虑到上述永久性冻土的物理力学性质，永久冻土地区路基施工强调如下原则：

(1)根据多年冻土地区冻土的具体条件，分别采取保持冻结、容许融化或者保护冻层的措施。

(2)路基排水应满足保持路基及周围冻土处于冻结状态的要求。

(3)路基填土高度应达到防止翻浆与不超过路基允许冻胀值所要求的最小填土高度。

(4)严格选用填料。填料中的冻土块应已完全融化，且填料含水量应均匀。碾压时，应严格控制含水量。

各种冻土地段采取保冻原则施工，可防止冻土的抗压强度降低。因为流水温度是高于 0℃的，可使冻土融化，故条文规定了排水的具体要求。

严格做好路基的侧向保护、基底处理、填料选择和路基压实，可降低融化下沉系数或冻胀系数。

路基应尽量采用路堤形式，尽可能避免零填或浅挖断面。这是因为不论以何种细粒土填筑路堤，冻土上限均上升，上升值随填高而增加(这主要是地表散热大于吸热，冻结深度大于融化深度所致)，这样路堤的基底能处于常年冻结状态，保证了路堤基底的冻土强度和稳定性。

6.11 涎流冰地段路基施工

6.11.1 涎流冰可分为山坡涎流冰与河谷涎流冰，主要分布在寒冷地区和高寒山区。河谷涎流冰是由沿沟谷漫流的泉水和冰雪融水冻结形成的。涎流冰地段，应重点调查各种水源在寒冷季节形成的冰流量和流动范围。涎流冰发育蔓延阶段，可能形成冰坎、冰槽甚至堵塞桥涵，形成地面冰体漫淤路面。融化阶段时能渗浸路基路面，降低强度，导致翻浆；融雪洪流通过受阻时易引起路基水毁。治理的措施可以归结为采用人工调治构造物、明疏、暗排、堵截、封闭、蓄汇等方法。

在一般寒冷和严寒地区，常采用集水渗井、渗池、排水暗管和渗沟等措施防治涎流冰。

集水渗井适用于有较集中的山坡地下水露头处。渗池适用于汇集较分散的山坡地下水。排水部分在产砂石地区可用渗沟,在不产砂石地区可用暗管。出水口必要时可设置保温和加固措施,保温材料可因地制宜采用树枝、秫秸、炉渣、泥炭、青苔等或土工织物、聚氯乙烯等新型建材。加固措施(如边坡)可采用浆砌片石。

施工中还应吸取当地防治经验,有助于采取有效的防治措施,避免涎流冰的危害。

6.11.2 对于距公路一定范围内山坡上的泉水形成的涎流冰,由于泉水常年不断,形成涎流冰的量也就较大,一般用截、导、渗的方法治理。先要确定水的发源地,找出“泉眼”位置。如果是单个泉眼,可做保温盲沟,排至路基的下方;如果是多个泉眼,须依地形将所有泉眼的水用截水沟或保温渗沟汇集到一个较大的渗池内,然后用保温盲沟或排水管排到路基的下方。

6.12 雪害地段路基施工

6.12.2 生物防治是根治雪害普遍适用的措施,应优先考虑采用。工程治理应注意保护生态环境,防止水土流失,为生物防治创造条件,最终实现生物防治。

道路雪害防治措施的选择,必须坚持“因地制宜、就地取材、经济有效、符合国情”的原则。

6.12.4 雪害地区施工范围内的地质、水文、料场比较复杂,在前期设计阶段,没有全面的开采和施工,设计人员不可能较全面正确地掌握各种相关资料。施工人员应对施工范围内的地质、水文、料场等进行核查,通过取样、试验确定其性质和范围,提出合理的防治方案。

6.12.5 在雪害地区,路基破坏主要是由于春季融雪水的渗透作用。每年一到开春时,融雪水便形成大量的地表径流。

6.12.6 在雪害地区,路基及构造物材料所遇到的主要问题是春季融雪水的毛细作用和材料冬季冻融变化引起的破坏,对此应采用水稳性和抗冻融性较好的材料,对填料的性能指标及其均匀性应加强施工控制检测,保证雪害地区路基及防雪工程的稳定性。

在雪害地区,施工过程中,各种临时构造物及弃方等的堆放,使路基的纵、横向排水不顺畅,路基渗水加冻融变化会破坏其稳定性。

地表植被的随意破坏,影响环境,引起水土流失;多余的材料随地丢弃,会引起施工中额外的雪害。

在雪害地区,任何坡面都会受到春融雪水、温度变化交替作用破坏。施工时,一定要保证坡面材料的水稳性和冻胀性。

6.12.8 雪崩地段路基施工

1 在雪崩地段，由于工程主要在海拔 2 000～3 000m、较为陡峭的山坡或沟槽当中进行，地形及天气情况复杂，所以施工危险较大，应在保护当地生态环境的基础上，科学地组织施工。

因为工程施工过程中进行爆破以及大面积开挖，有可能造成山体地质地貌的变化，如山坡坡度的改变、山体塌方、碎石跌落等状况，应设立专门的观测仪器和人员注意观察及时警示避免。

有一定的积雪和一定坡度的山坡，才有可能发生雪崩。在雪崩区，年降水量很大，丰富的降水形成强烈的流水侵蚀，形成局域复杂的山区气候。在这种状况下，对降雨、降雪或开挖造成大量地下水涌出导致的山体变化也应及时观察并作出预防。

2 一般的防治雪崩工程都在公路以外的山坡、山沟中，山坡上施工机械运转振动造成的坍塌、碎落，会造成工程破坏和人员伤亡。

3 在同一个雪崩区，防雪工程在山坡施工中的坍塌、碎落，会影响其下方坡面工程施工安全、构造物的稳定性。

4 地面横坡小于 45°、土层较厚且透水性较好、不易产生滑坡或泥流的山坡上，为防止小型雪崩，应沿等高线开挖水平台阶。开挖台阶的弃土可堆填在台阶的下方，以加宽台阶。

5 稳雪栅栏，可沿等高线设置。由于积雪的蠕动和沉陷都会对栅栏产生向下滑动的推力，所以栅栏基础是其稳定的关键。

6 改善生态环境是雪害防治的目的。因地制宜综合治理雪害，采取工程治理与生物治理相结合的办法，最终用生物治理取代工程治理根治雪害，是使雪害地段的生态环境逐步走向良性循环的有效措施。一般选定当地树种，它们对雪崩具有较好的阻挡、防护能力和适应性。

7 防雪走廊的基础应设置于可靠的(坚实的)地基上，应特别注意防止风吹雪进入走廊内。为防止走廊挡墙春季融雪水的渗透破坏，应做好其构造物的排水及抗冻融工作，墙后填土应与山坡相顺接，以便减小雪崩运动对防雪走廊的直接冲击力。

6.12.9 风吹雪地段路基施工

1 风吹雪灾害成因主要是风速减弱，雪粒沉积堆埋公路，因此风吹雪和地形地物以及路基形式有很大关系，路基两侧距边坡坡脚各 30～50m 范围内的弃方及障碍物会引起路基上积雪，应将其清除、整理平顺，以保证风雪流顺利通过。

2 风雪流堆积发生在地形曲率突然变化的地方，因此，施工过程中就应时时考虑如何防止因施工引起风吹雪沉积在路基上。根据最大风速 35m/s 计算，风雪流的发育长度约 42m，则取土坑宜设在路堤下风侧距路堤边坡坡脚至少 50m 处，施工完成后应将其边坡修成缓坡，使其平行于主风向的断面平顺通畅。

4 风吹雪路段，尽量做到路基“多填少挖”，路基边坡“缓比陡好”，路堑的挖方边坡一定要做成缓坡。春季融雪的地表径流、毛细作用和材料冬季冻融变化会引起工程破坏，因此应采用水稳性和抗冻融性较好的材料。超挖部分也应选用水稳性和抗冻融性好的材料回填,压实度应大于95%,禁止使用劣质开山料或覆盖土回填,超挖部分不规则或超过80mm时,可用混凝土修补找平。路堑边坡、积雪平台内易积水,按路基坡脚向外2%的坡度整理平顺,以利于路基横向排水。积雪平台应采用级配碎石或水泥稳定碎石、二灰稳定碎石等半刚性材料整平碾压,这样可以保证积雪平台的稳定性。

6.13 滑坡地段路基施工

滑坡治理应结合滑坡发生的实际情况,采用有关的施工措施,只有这样,才能有效地治理滑坡。现将滑坡形式说明如下:

(1)浅层流动性滑坡:属堆积层滑坡,堆积层在地面水或地下水的影响下,或坡脚被切割(人工开挖或河流冲刷等)而形成滑坡。滑坡体一般多沿下伏的基岩顶面、不同地质年代或不同成因的堆积物的接触面,或堆积层本身的松散层面滑动。滑坡体厚度一般从几米到几十米。

(2)小规模的圆形滑动:发生在均质或非均质黏土层中的滑坡,滑动面呈现圆弧形,一般滑坡厚度小于10m,滑坡体规模小于1 000m^3。

(3)大规模的圆形滑动:多发生在均质或非均质的黏土层中,滑动面呈圆形,滑坡体厚度从中层(10~20m)到深层(20m以上),滑坡规模从中型(10 000~100 000m^3)到大型(100 000~1 000 000 m^3以上)。

(4)岩石滑坡:发生在各种基岩岩层中的滑坡,它多沿岩层层面或其构造软弱面滑动。

6.13.8 根据工程的目的是直接抵抗滑坡推力还是通过消除滑坡诱发因素的间接效果,可将滑坡治理工程技术措施分为减滑工程和抗滑工程。

削坡减载措施简单易行,在滑坡整治中使用比较广泛,效果也好。但减重后应验算滑面从残存滑体薄弱部分剪出的可能性。不合理的削坡有时反而会进一步降低滑坡的稳定性。

6.13.10 抗滑支挡结构的形式主要有:抗滑片石垛、抗滑挡墙、抗滑桩、抗剪键、锚杆、锚索等。用抗滑支挡结构来稳定滑坡时,各种支挡结构物的基础必须置于滑动面以下满足设计要求的深度。对于风化物及堆积物等黏性土滑坡的整治,用抗滑支挡来稳定滑坡,尤其是采用抗滑桩这类耗资较大的支挡结构时,其可行性和经济性都必须慎重研究。

抗滑桩、抗滑挡墙等重要开挖工程,除设计特许外,务必采用跳槽开挖的施工工艺。根据情况可跳一槽或者两槽进行施工,严禁全断面开挖。

不论是采用减滑工程还是抗滑工程,都必须做好地下水和地表水的处理。目前的治水措施主要采用截、排、护和填的方法。

6.14 崩塌与岩堆地段路基施工

6.14.6 岩堆中松散岩块一般占70%以上，稳定性不好，因此，路基通过岩堆地区主要应使岩堆保持稳定。条文规定采用注水泥浆固结岩堆或修建挡墙、护面墙都是稳定岩堆的有效方法，可根据实际情况采用。同时，在处理岩堆时，做好排水工作也是十分重要的，不然岩堆在水的作用下还会形成坍塌或形成滑坡，因此应做好地表水及地下水的处理。

6.15 泥石流地区路基施工

6.15.1 泥石流的形成受到该地区一系列的自然环境条件以及人类工程活动的影响，其形成的基本条件包括：充沛的各类水源，丰富、松散的固体物质，有利的流域形态和沟床纵坡。

泥石流按发生的激发因素一般分为以下几类：

(1)雨洪泥石流：由于降雨径流所激发而形成的泥石流。这类泥石流具有爆发频率高、危害性大的特点。

(2)冰川泥石流：是以冰湖溃决水、冰川及冰雪融水为水动力条件而形成的。由于冰雪水的汇流方式不同，可以形成多种类型。

(3)冰川-雨洪泥石流：是以冰川冰雪融水与降雨作为水动力条件。这类泥石流的水动力来自中低山区的暴雨径流和高山区的冰雪消融洪水的混合补给，灾害规模随着流域面积的增大而加大。

6.15.4 泥石流的防治工程通常用于泥石流规模较大、爆发不很频繁、松散固体物质和水动力条件相对集中的地区。针对不同类型的泥石流，其防治工程的主体也不同，相应工程措施的方案也应有所侧重，一般分为以下三类：

(1)治水为主的方案：利用蓄水、引水和截水等工程措施控制地表洪水径流，削减水动力条件，使水土分离。

(2)治土为主的方案：利用拦挡、支护工程，拦蓄泥石流固体物质，稳定沟岸，防止崩塌或滑坡以提供形成泥石流的固体源。

(3)排导为主的方案：利用排洪道、渡槽等排泄建筑物将泥石流排走，或修建导流堤、分流堤、护岸、丁坝等调治建筑物，使泥石流沿一定方向和路线通过。

6.16 岩溶地区路基施工

溶洞中经常有水通过，不论溶洞在什么位置，必须将水流排出路基。处理时，应做到溶洞内流出或渗出的水不能影响路基的稳定，也不能使流出的溶洞水浸润或浸泡路基，以免造成路基变软强度下降。治理岩溶水的有效方法就是把流出的水用暗沟(或渗沟)排出路基，保证路基在最小填筑高度范围内不受水的影响。

6.17 采空区路基施工

6.17.1 大型矿区一般均做过勘探工作,有大量资料可供使用。有关的基础资料,如各种地质图、开采时间、水文观测以及顶板管理办法等资料应尽量搜集齐全。小窑开采以前,一般很少进行地质勘探工作,收集资料主要向有关单位调查访问,必要时进行工程地质调绘、物探和钻探工作。

6.17.2 如果发现路基基底采空区有地下水渗出,采取堵塞水流出的方法是徒劳无效的,只能采取将水排走远离路基,必须做到采空区内流出或渗出的水不能影响路基的稳定,也不能使路基受到水的浸润和浸泡,以免使路基变软强度下降。因此最有效的办法就是把流出的水用暗沟(或渗沟)排出路基,保证路基在最小填筑高度范围内不受水的影响。当最小填土高度达不到时,或修建暗沟、渗沟时,应设置隔离层。

6.18 沿河、沿溪地区路基施工

6.18.3 沿河、沿溪地区发生的病害主要是水毁破坏,而水毁的主要表现形式就是路基侧蚀坍塌,其表现为由于河溪中洪水对公路侧坡脚的冲刷、淘蚀而导致路基坍塌,主要原因是沿河、沿溪段公路边坡未设置防护工程或防护工程设置不当。因此沿河、沿溪路段边坡防护工程的设计施工都是非常重要的。

6.20 滨海地区路基施工

6.20.1 滨海地区路基施工应特别注意潮位、海浪、海流等情况。

(1)潮位

海水周期性涨落的现象叫潮汐。如海边滩地宽阔开敞而又坡度平缓,则潮汐的海水面涨落运动十分显著。对有潮汐的海岸,潮位的变化特征是确定滨海路堤各部分高程的重要依据,也是施工中应特别重视的。

(2)海浪

海水有规律的波动运动称为海浪或波浪。海洋中最常见的波浪是由风产生的,称为风浪或风成浪。波浪资料是滨海路堤设计和施工的主要依据,它直接关系到路堤的高度和断面尺寸。

(3)海流

近岸海流主要有潮流和风浪流。潮汐使海面发生周期性升降,海面高度的变化,迫使水体作水平方向的周期性流动,形成潮流。海浪以斜向角度达到海岸后,一部分海水以底流方式流回海中,另一部分则沿岸流动,形成沿岸流。

6.20.3 在滨海路堤的建造中,斜坡式路堤是一种经常被采用的结构形式。斜坡式路堤的特点是:结构简单、施工方便、具有较高的整体稳定性。斜坡式路堤和波浪相互作用的特点为波浪在坡面上爬升,然后破碎,其能量被吸收或消散。

6.20.4 直墙式路堤

明基床:在水底原地面上直接抛块石,经整平后作为重力式码头或防波堤等的地基传力层。

暗基床:在水底原地面以下挖槽后抛填块石,经整平后作为重力式码头或防波堤等的地基传力层。

直墙式路堤也是滨海路堤常见的一种结构形式。其优点在于其内侧可以兼作码头,并在水深较大时,所需的建筑材料比斜坡式路堤省。它的缺点是消除波能的效果差。

7 冬、雨季路基施工

7.1 一般规定

7.1.3 冬、雨季施工应加强气象信息的收集工作,制订相应的施工应急预案。与当地气象站、水文站取得联系,了解气温和晴雨变化及台风预报等情况,采取有效预防措施,减少灾害和损失。

7.1.4 冬季施工前的准备工作主要包括:编制实施性的施工组织计划;测量放样,保护好控制桩并树立明显标志,防止被冰雪掩盖或冻融引起的标志变位;维修保养冬季施工需要的车辆、机具设备;备足冬季施工的工程材料;准备好施工队的生活设施及越冬物资;冰冻前应全部清理路基范围的树根、草皮和杂物,挖好坡地填方台阶;修通施工便道等。

7.2 冬季施工

7.2.1 本条文的"路基冬季施工"适用于瞬时冻土和季节性冻土地区。永久性冻土地区路基施工另有规定。

7.2.2 高速公路、一级公路的土质路基,只有在工期十分紧急的情况下,才可用粒料填筑路堤下部,待转入正常施工后再整理复压达标。二级及二级以下公路路堤可安排冬季施工,但填料应符合本规范 7.2.5 条要求。当公路路基修成后,要铺筑沥青混凝土路面或水泥混凝土路面时,仍不宜安排冬季施工。

填土低于 1m 的路堤和填挖交界处,由于填土较薄,填后易于冻结,解冻后土的强度、压实度都会降低,因此不应冬季施工。

7.2.5 冬季填筑路堤宜采取层薄、快填、快压、连续作业的施工方法,迅速填完每一层,争取使土不冻或少冻。

7.2.6 本条款规定了开挖冻土路堑的要求,如边坡预留、路堑底部预留、排水等,目的是防止路基冻融时造成的不稳定。在正常施工时再做这一部分,以保证施工质量。

冬季开挖路堑表层冻土的施工方法很多,如有爆破冻土法、机械破冻法、人工破冻法等。施工时,不同地区应根据不同冻土层厚、不同地质情况自行选用合适、有效的施工方法和施工工艺，但不管采用何种方法，都必须保证不给路基带来病害。

7.3 雨季施工

7.3.1 对选择好雨季施工的地段，要进行详细的现场调查研究，核实编制好实施性的施工组织计划，重点解决防排水问题，要把临时排水和永久排水衔接好，把水引入沿线桥涵及排水沟渠，形成完整的排水系统，保证雨季施工场地不被淹没，不积水，使其尽快恢复施工。

7.3.3 雨季路堤施工应选用透水性符合要求的填料，且抓紧晴好天气，争取在较短时间内填筑一层。雨来临之前应对新填松土层进行碾压封水，防止水灌路基。每一层填筑表面，均要做成2%～4%的排水横坡，以利排水。

7.3.4 雨季挖方边坡预留及路床预留一定厚度的覆盖层，其目的是防止地面水冲坏已成边坡，或破坏路床。待雨季过后再做预留部分，可保持边坡、路床符合设计要求。

挖方地段若路基强度不够，处治不当，路堑处的路面往往出现病害，应采取超挖回填压实进行处治，如土质不良还应采取换填或掺灰改良等措施。回填或换填的厚度及填料按设计要求施工。挖方基底如出现溶洞、夹层及不良土质等特殊情况，应经研究采取特殊处理措施。

7.3.5 结构物基础在雨季施工时，基坑开挖后，如未能及时施工基础，应对基础采取砂浆封底及时排水等防浸泡措施。当基底为土质或易风化软石基坑，雨后施工基础时，应对基坑地基承载力再次检测，以保证满足设计要求。

8 路基防护与支挡

8.1 一般规定

8.1.1~8.1.5 通过现场考查和调研资料发现,路基防护出现的问题当中,较多问题的主要原因有两方面:一是防护构造物没有置于稳定的基础和坡体上;另一方面是对水的破坏作用防范不利。故应对防护基础及水的作用高度重视,防护构造物必须置于稳定的基础和坡体上,防排水系统必须处治好,减少病害和经济损失。

施工过程中,由于某些土质、软质岩石及不良地层易受雨雪浸泡和冰冻胀融等影响,造成路基软化、边坡塌陷或大面积滑坡,要花较多的时间和较大的投入进行整治,所以应采取有效的防护与加固措施,确保护坡的工程质量。

8.2 坡面防护

坡面防护包括植物防护、骨架植物防护、圬工防护和封面捶面防护等方法。

8.2.1 植物防护

1 植物防护一般采用种草、铺草皮和植灌木等。种草防护可以防止表面水土流失,固结表面,增强路基的稳定性,并可允许缓慢流水(0.4~0.6m/s)的短时冲刷。经常浸水或长期浸水的路基边坡,草不易生长,不宜采用此种防护。种草防护的要点是优选草种,通常应选用适合当地土质和气候条件的易成活、根系发育、茎干低矮、枝叶茂盛、生长能力强的多年生草种。

铺草皮防护适用于坡面缓于1:1的各种土质边坡及严重风化的软质岩石边坡。铺草皮一般应在春季或秋季进行,气候干旱地区则应在雨季进行。草皮宜选用带状或块状,其规格大小视施工情况而定,草皮厚度宜为100mm。铺设时,应从坡脚向上铺钉,且用尖木桩固定于边坡上。草皮应铺过路堑顶部至少1m,或铺至截水沟。

对经常浸水、盐渍土、粉质土及经常干涸的边坡不宜采用灌木防护。

2 三维植被网防护

土工织物防护种类很多,本规范未一一规定。三维植被网防护是土工织物复合植被防护坡面的一种典型形式。三维植被网以热塑料树脂为原料,采用科学配方及工艺制成。其结构分为上、下两层:下层为一个经双面拉伸的高模量基础层,强度足以防止植被网变形;上层由具有一定弹性的、规则的、凹凸不平的网包组成。由于网包的作用,能降低雨滴的冲蚀能量，并通过网包阻挡坡面雨水，同时网包能很好地固定充填物（土、营养土、草籽）不被雨水冲走，为植被生长创造良好条件。另外，三维网固定于坡面上，直接对坡面起固筋作用。当植物生长茂盛后，根系与三维网盘错、连接、纠缠在一起，坡面与土相接，形成一个坚固的绿色保护整体，起到复合护坡的作用。

3 湿法喷播

湿法喷播适用于坡率缓于1:0.5的土质边坡、土夹石边坡、严重风化岩石边坡，不适用于硬质岩石边坡。

湿法喷播是由欧美引进的一种机械化植被建植技术，即将植物种子、肥料、土壤稳定剂和水按一定比例混合均匀，用专门的设备（喷播机）喷射到边坡上，种子在较稳定的时间内萌芽、生长成株、覆盖坡面，达到迅速绿化、稳固边坡之目的。

用这种方法在人力不可及的陡峭高边坡和含石的边坡上种植植被非常优越。播种的时间一般在气候温和、湿度较大的春、秋为宜，不宜在干燥的风季和暴雨季节播种 。播种前应在路堤的路肩和路堑顶边缘，埋入与坡面齐平的宽200~300mm、厚50~60mm的带状草皮。播种后适时进行补种、洒水、施肥、清除杂草等养护管理，直至植物成长覆盖坡面。

4 客土喷播

客土喷播是以日本为典型代表的一种喷播建植技术。该技术是将客土（提供植物生育的基盘材料）、纤维（基盘辅助材料）、侵蚀防止剂、缓效肥料和种子按一定比例，加入专用设备中充分混合后，用喷射机均匀喷涂到坡面上，使植物获得必要的生长基础，达到快速绿化的目的。

客土喷播主要用于岩石边坡、贫瘠土质和硬土边坡，其主要目的是保护边坡的稳定、安全，同时又能最大程度地恢复自然生态。客土喷播技术，一般先打锚杆，挂镀锌钢筋网，然后再播客土。喷播植草混合料的配合比应根据边坡坡度、地质情况和当地气候条件确定。播种前应施一定基肥，草坪生长期应施以追肥，且适时浇水养护，浇水应使用无油、酸、碱、盐及任何有害于苗木生长的物质的水。

8.2.2 骨架植物防护

1 浆砌片石或水泥混凝土骨架植草防护适用于土质和强风化岩石边坡，防止边坡受雨水侵蚀，避免土质坡面上产生沟槽。其结构形式主要有方格形、人字形、拱形及多边形混凝土空心块等。常用的骨架防护边坡是在骨架内铺草皮或用三合土、四合土捶面，或栽砌卵石进行防护。浆砌片石（混凝土块）骨架植草防护既能稳定路基边坡，又节省材料，造价较低、施工方便、造型美观，能与周围环境自然融合，是目前高速公路边坡防护的主要形式之一，以被广泛推广应用。

3 锚杆混凝土框架植草防护

锚杆混凝土框架植草防护是近年来在总结锚杆挂网喷浆（混凝土）防护的经验教训后发展起来的，它既保留了锚杆对风化碎岩石边坡的主动加固作用，防止了岩石边坡经开挖卸荷和爆破松动而产生的局部破坏，又吸收了浆砌片石（混凝土）骨架植草防护的造型美观、便于绿化的优点。

锚杆混凝土植草防护形式有多种组合:锚杆混凝土框架+喷播植草、锚杆混凝土框架+挂三维土工网+喷播植草、锚杆混凝土+土工格室+喷播植草、锚杆混凝土框架+混凝土空心块+喷播植草等。

8.2.3 圬工防护

圬工防护包括喷护、锚杆挂网喷护、干砌片石、浆砌片(卵)石护坡和护面墙等结构形式。圬工防护用于路堑边坡防护时,应注意与边坡渗沟或排水孔配合使用,防止边坡产生变形破坏。圬工防护施工时应注意与周围环境的协调。

1、2 喷浆(喷射混凝土)防护适用于边坡易风化、裂隙和节理发育、坡面不平整的岩石路堑边坡,且边坡较干燥,无流水侵入。对于高而陡的边坡,当需大面积防护时,采取此类型更为经济。

喷浆防护边坡常用机械喷护法施工,将配制好的砂浆(混凝土)使用喷射机(或水泥枪)喷射于坡面上,由于喷射产生一定的压力,提高了保护层与坡面间的黏聚力及保护层的强度。喷射混凝土厚度不宜小于80mm,应根据厚度分2~3层喷射。喷浆厚度不宜小于50mm。施工作业前应通过试喷,选择合适的水灰比,以保证喷射坡面的质量。喷浆水灰比过小时,灰体表面颜色灰暗,出现干裂,回弹量大,粉尘飞扬;水灰比过大时,灰体表面起皱、拉毛、滑动,甚至流淌;水灰比合适时,灰体呈黏糊状,表面光滑平整,回弹量小。喷浆施工严禁在结冰季节或大雨中进行作业。

3 锚杆挂网喷射混凝土(喷浆)防护

当坡面岩体风化破碎严重时,为了加强防护的稳定性,则采用锚杆挂网喷射混凝土(喷浆)防护,锚杆锚固深度及铁丝网孔密度视边坡岩石性质及风化程度而定。锚杆宜用1:3水泥砂浆固定。铁丝网应与锚杆连接牢固。

4 干砌片石护坡适用于坡度缓于1:1.25的土质路堑边坡或边坡易受地表水冲刷以及有少量地下水渗出的地段。

5 浆砌片(卵)石护坡

浆砌片(卵)石护坡适用于坡度缓于1:1的易风化的岩石边坡,以及坡面防护采用干砌片石不适宜或效果不好的边坡。对于严重潮湿或严重冻害的土质边坡,在未进行排水措施以前,则不宜采用浆砌片(卵)石护坡。在冻胀变形较大的土质边坡上,浆砌片(卵)石护坡底面应设100~150mm厚的碎石或砂砾垫层。

6 水泥混凝土预制块护坡

水泥混凝土预制块防护,宜用于缺乏石料地区或城郊及互通式立交等需要美化的路段。

7 浆砌片石护面墙

护面墙有实体护面墙、窗孔式护面墙、拱式护面墙及肋式护面墙等,应根据坡面地质条件合理确定。在公路工程中,护面墙多用于覆盖各种软质岩石层和较破碎岩石的挖方边坡防护,如易风化的云母片岩、绿片岩、泥质页岩、千枚岩及其他风化严重的软质岩层和较破碎的岩石地段的坡面防护,以防止自然因素的影响继续风化破坏。护面墙在高速公路路堑边坡防护中应用比较普遍，且边坡稳定，效果较好。

在施工护面墙防护过程中，如果坡面中地下水不能顺利排出，则会严重影响护面墙的稳定和使用寿命，因此，在坡体有地下水的路段，应采取有效排水措施，设置并施工好倾斜排水孔或边坡渗水沟。泄水孔施工时，应按设计要求设置，当发现边坡流水较多时，应适当加密。泄水孔宜在墙身上下左右每隔 3m 设一个，在泄水孔后面，用碎石和砂砾做反滤层。

8.2.4 封面、捶面防护

封面适用于未严重风化的各种易风化岩石的路堑边坡，如页岩、泥岩、泥灰岩、千枚岩等；捶面适用于边坡率缓于 1:0.5、易受冲刷的土质边坡或易风化剥落的边坡。封面、捶面不能承受荷载，不能承受土压力，要求边坡必须平整、干燥、稳定。坡面不平整的岩石边坡，宜采用喷浆来防护。对岩石较坚硬而不易风化的挖方边坡，为防止水分渗入岩石裂隙造成病害，可视裂隙的深浅与宽窄，分别予以灌缝与勾缝。因受自然力影响易发生一般的泥石流、塌方或严重剥落的路基边坡，均宜采用护坡和护墙等砌石防护。

封面、锤面常用的材料有水泥、石灰、砂子、炉渣、黏土等。

封面、捶面的顶部必须封闭，或在顶部作 200mm × 200mm 的小型截水沟（水沟用封面、捶面材料加固），或将封面、捶面嵌入边坡内 300 ~ 500mm。

8.2.5 膨胀土挖方施工必须做好排水设施，并保证畅通。挖方边坡不要一次挖到设计线，应沿边坡预留厚度 300 ~ 500mm，待路堑挖完时，再削去边坡预留部分，并立即进行防护。

8.3 沿河路基防护

8.3.1、8.3.2 沿河路基及岸坡由于经常或周期性受到水流的冲刷作用，因此必须采取有效的冲刷防护措施，以确保路基及坡岸的稳固和安全。沿河路基防护工程一般分直接与间接防护两种，直接防护工程类型包括护面墙、砌石或混凝土板、护坦、抛石、石笼、浸水挡墙等；间接防护包括导流构造物（丁坝、顺坝等）、改河和防护林带等。各种防护均应按其环境条件选用适当的防护工程类型，达到预期的目的。本次规范修订增加了护坦、土工膜袋等内容，各地区可根据各自的情况和特点选用其他新的适宜的防护方法，如土工织物防护等。

8.3.4 砌石或混凝土防护

砌石或混凝土防护包括干砌片石、浆砌片石及混凝土板防护等。

砌石或混凝土防护的适用条件为：干砌片石防护适用于易受水流侵蚀的土质边坡、严重剥落的软质岩石边坡、周期性浸水及受冲刷轻的且流速为 2 ~ 4m/s 的河岸路基及边坡；浆砌片（卵）石防护适用于经常浸水的受水流冲刷（流速 3 ~ 6m/s）或受较强烈的波浪作用,以及可能有流水、漂浮物等冲击作用的河岸路基;混凝土板防护常用于路堤及河岸的边坡,以抵抗渗透水及波浪的破坏,其允许流速在 4 ~ 8 m/s 以上。

8.3.5 护坦防护

护坦是一种辅助性防护措施,当沿河路基挡土墙、护坡的局部冲刷深度过大,深基础施工不便时,宜采用护坦防护基础;当已建挡土墙、护坡的基础埋深不够,需要进行加固时,采用护坦式基脚,施工方便有利。护坦式基脚,可以减少水流与墙面冲击后形成的下降水流对床面的冲刷。护坦基脚可大大减小挡土墙或护坡基础埋深,减少施工难度。为了进一步减少护坦或基脚的局部冲刷深度,提高抗洪能力,可在护坦上加设挑坎和将护坦基脚的垂墙做成仰斜式。

8.3.6 抛石防护

抛石防护的应用很广,对于经常浸水且水较深地段的路基边坡防护及洪水季节防洪抢险更为常用。抛石切忌乱抛。抛石坡度和选用石料块应根据水深、流速和波浪情况确定。备料应核实水流及波浪作用下石块的稳定性,最好按其测算结果指导施工。抛石边坡坡度值见表 8-1。石料粒径一般不小于 300 ~ 500mm,其石料粒径与水深、流速的关系见表 8-2。

表 8-1 抛石边坡坡度值

水文条件	采用边坡
水浅,流速较小	1:1.2 ~ 1:2.5
水深 2 ~ 6m,流速较大,波浪汹涌	1:2 ~ 1:3
水深大于 6m ,在急流中施工	缓于 1:2

表 8-2 抛石粒径与水深、流速的关系

抛石粒径(cm)	水深(m)				
	0.4	1.0	2.0	3.0	5.0
	容许流速(m/s)				
15	2.70	3.00	3.40	3.70	4.00
20	3.15	3.45	3.90	4.20	4.50
30	3.50	3.95	4.25	4.45	5.00
40	—	4.30	4.45	4.80	5.05
50	—	—	4.85	5.00	5.40

8.3.7 石笼防护

石笼是河床加固和路堤防止冲刷效果较好的柔性体防护。铁丝石笼能经受较高流速的冲刷，一般可抵抗 4～5m/s 流速，体积大的可抵抗 5～6m/s 流速，允许波浪高1.5～1.8m 的水流。

只有在水流含有大量泥沙及基底地质良好的条件下，才宜采用石笼防护。石笼具有较好的柔性，当水流含有大量泥沙时，石笼中的空隙能很快淤满，而形成一整体防护层，其防护效果会更好些，但必须将各个铁丝石笼单元彼此很好地连接起来成为一个完整的柔性体。

8.3.9 土工膜袋防护

土工膜袋防护是本次规范修订增加的内容。土工膜袋是将土工合成材料表面涂一层树脂或橡胶等防水材料，或将土工合成材料与塑料薄膜复合在一起形成不透水的防水材料，用土工膜袋填充混凝土或砂浆形成防护结构，达到防护的目的。膜袋厚度应通过抗浮稳定分析和抗冰推移稳定分析确定。土工膜袋的主要技术指标见表 8-3。

表 8-3 土工膜袋主要技术指标

项　　目		标　　准
单层质量(g/m^2)		200
拉伸强度（N/5cm）	经	1 500
	纬	1 300
延伸率（%）	经	14
	纬	12
撕裂强度（N/5cm）	经	600
	纬	400
顶破强度（N）		800
渗透系数(cm/s)		0.028
单层厚度(mm)		0.45

8.3.10、8.3.11 丁坝、顺坝防护

丁坝、顺坝均为导流构造物，是以改变水流方向为主的水工建筑物。在路基工程防护中采用导流构造物，使水流轴线方向偏离路基岸边，或降低防护处的流速，且促进其淤积，从而达到对路基的防护作用。施工导流构造物时，应尽可能避免过多地压缩河床断面，否则，造成水位抬高，以致影响上下游路基、农田及建筑物安全。

丁坝也称挑水坝，其作用是迫使水流改变方向，离开被防护的河岸。由于丁坝压缩水流断面，扰乱原来水流性质，坝头附近出现强烈局部冲刷，故不仅坝头的基础必须深埋，而且还需做平面防护。平面防护一般宜选用浆砌片石、石笼等坚固耐用的防护类型。平面防护有长防护和坝头防护两种方法。防护宽度，在迎水面可取 2～4m，在背水平可取 1～2m，对于长防护，坝头最宽，逐渐向坝根减窄；对坝头防护，其防护宽度等于坝长的 0.3 倍，且宽度不变窄。顶坝坝头附近尤其第一节丁坝受强烈局部冲刷和漂浮物强烈撞击更为严重，必须严控施工质量。

顺坝根部是受水流冲击作用较重部位,应特别重视坝根部分与相连地层或其他防护设施的嵌接,确保施工质量。坝根附近的河岸应防护至上游不受斜向水流冲击处。坝根应牢固地嵌入稳定河岸内,易受冲刷的河岸嵌入长度宜为3~5m,较坚实的河岸宜嵌入2m。

8.4 挡土墙

8.4.2 在旱季,岩、土体的含水量较小,强度较高,开挖基坑时边坡的稳定性容易得到保证,故地质条件较差或有水地段的挡土墙,在旱季施工比雨季安全。集中力量、分段施工的目的在于加快施工速度,减少基坑和临时边坡的暴露时间。

8.4.3 明挖基坑

1 公路建设条件,特别是地质条件,随高速公路建设越来越复杂,要求施工单位施工前不但要熟悉设计文件,而且要熟悉基础资料。

8.4.7 重力式挡土墙

1 基础施工

3)规定是为了防止地表水流渗入施工场地,使岩、土体软化,降低地基的承载能力和边坡的稳定性。

8.4.11 加筋土挡土墙

4 规定是为了保证拉筋与土体的摩擦处于稳定状态。

8.5 边坡锚固防护

8.5.2 边坡锚固防护是一种发展中的加固技术,工序复杂,制约因素多,且属于隐蔽工程,施工前应进行仔细调查,认真做好施工组织设计。施工时应将开挖的岩土情况与勘测设计资料进行对比,发现出入较大时,应及时上报采取处治措施,以确保锚固工程安全可靠。

8.5.6 锚杆施工应严格控制施工工艺。锚杆组装时其自由段必须按设计要求做好防腐处理和定位处理。注浆是锚杆施工中的重要环节,注浆质量直接影响锚杆的承载力,因此,注浆施工应严把浆、材质量,浆液性能,浆液工艺和注浆质量关。采取先注后插时,注浆管头部制成45°斜口,注浆时将注浆管插至孔底,且随着注浆体的注入匀速拔出注浆管。注浆体到达距孔口200~300mm时,停止注浆。

8.5.7 当岩质较差,要求对成孔斜误差严格控制时,可采用孔斜仪进行量测,孔斜不宜超过1/100。

8.6 土钉支护

8.6.1 土钉支护只适用于有一定黏性的硬黏土，有一定胶黏的黏土、砂土或有一定自稳能力的岩土，对于松散的砂土、黏土以及地下水丰富等地质不良土体，不宜采用。土体松散，其抗剪强度低，不能给土钉足够的抗拔力；土体松软和含水量高，边坡的喷射面层难以形成，应采用复合土钉支护。

土钉挡土结构一般用于挖方边坡的临时支护以及路堑或路堤的永久支护，也可用于桥台结构挡土支护。土钉加筋边坡支护一般用于加固平缓边坡，也可用于增加原有边坡或开挖后边坡的稳定性。复合土钉支护一般用于永久性的公路工程。

8.6.3 土钉支护工程的排水系统对工程质量、稳定性和使用寿命具有重要意义，在施工过程中应特别重视水的作用和影响，必须在地表和支护内部布设施工排水系统，以疏导地表水和地下水。施工地表排水系统时，一般宜在距边坡顶部 3 ~ 5m 范围内开挖一截水沟。当设计图要求边坡顶有永久性排水沟时，施工排水沟宜与永久排水沟合建。边坡体内排水，施工时视其边坡体内的水量，设置排水(滤水)管。当设计有永久排水管时，临时排水管应与永久排水管综合考虑布设。边坡脚的临时排水，在施工开挖每一层土钉(锚杆)作业面时，宜在作业面适当距离处设临时排水沟和集水井，以确保土质边坡下部不被雨水或施工水浸泡。边坡岩石中裂隙、泉眼中的地下水应引出边坡外，并引入永久排水系统中。

当地下水源丰富，流量较大，在支护施工的作业面上难以成孔和形成喷射混凝土面层时，应在施工前降低地下水水位，并在地下水位以上进行支护施工。

8.6.4 坡面开挖

边坡开挖深度和长度应符合设计规定，但应保证修整后的裸露边坡能在规定的时间保持自立，水平分段一般可取 10 ~ 20m。切削、清坡宜用小型机具或铲锹。

当边坡变形过大、变形速率过快、位移不收敛，边坡出现开裂、沉陷等险情时，可视具体情况选用如下应急措施：①坡脚临时加堆载反压；②坡顶卸土减载，并严格控制卸载程序；③做好临时排水、封面处理；④对支护结构临时加固；⑤加强险情的监测。

对已塌方的边坡处理：一般性较小塌方，应先对塌方部分的松散土体进行加固或清除，再进行边坡开挖支护；对软土大塌方，一般应在松散土体中采用击入钢花管注浆加固或击入竹(木)桩加固，当条件允许时也可采取深层搅拌桩加固等。

8.6.5 土钉施工

2 选用钻孔机具时主要根据支护边坡的土性考虑。当边坡为土层时，宜选用普通锚杆钻(如 MGS—50 等)；当边坡为土岩混合时，可选用软硬兼用钻机(如 MD—100 型或地质钻等)；当边坡为岩层时，宜用潜孔钻。在土层边坡支护中，如有条件时，宜优先选用干式钻孔机,可有效减少土体边坡的变形。

3 为增加土钉支护的使用寿命,当土钉用于腐蚀性土质、雨水较多的地区进行边坡支护,或土钉不可避免地要深入到地下水位以下时,应对土钉进行防锈处理。在国外,德国对永久土钉支护采用加塑料波纹套管的措施,美国对永久土钉支护要求用环氧涂膜钢筋。我国主要比照混凝土中的钢筋锈蚀,着眼于注浆保护层的作用,可根据情况选用聚乙烯、聚丙烯塑料波纹管或环氧涂层钢筋。在腐蚀环境下,土钉支护面层和土钉钢筋保护层厚应根据设计要求施工,设计无要求时应根据侵蚀作用等级(强、中、弱)分别采用70mm、60mm、50mm。

4 土钉孔注浆用砂应选用粒径小于2mm的中、细砂,使用前须过筛,严防石块、杂物混入,砂的含泥量不大于3% ,土钉孔注浆应饱满。

8.6.6 喷射混凝土配合比应通过试验确定,所采用的砂、石子,其规格和质量应符合规定要求。喷射混凝土用砂应为中砂,细度模数大于2.5,其颗粒级配应满足表8-4要求;用于喷射混凝土的石子应为坚硬的卵石或碎石,最大粒径不宜超过15mm,其级配应符合表8-5要求。注浆用水或混凝土用水不得使用污水和pH值小于4的酸性水,不应含有影响混凝土质量的有害杂质。

表8-4 喷射混凝土用砂的颗粒级配

筛孔尺寸(mm)	5	2.5	1.2	0.6	0.3	0.15
通过质量百分率(%)	100	80~100	50~85	25~60	10~30	2~10

表8-5 喷射混凝土用石子的颗粒级配

筛孔尺寸(mm)	15	10	5	2.5	1.2
通过质量百分率(%)	100	80~100	10~30	0~10	0~5

8.7 抗滑桩

8.7.1 滑面位置是计算滑坡推力、确定桩体结构的主要依据,施工中应加以核实,并对岩性资料进行编录。

8.7.4 灌注桩身混凝土

3 要求桩体灌注混凝土必须连续进行,是为了避免出现较弱的施工缝,保证混凝土的整体性和强度,并加快施工速度。

9 路基安全施工与环境保护

9.1 一般规定

国家现行涉及有关安全生产的主要法律、法规有《中华人民共和国宪法》、《中华人民共和国刑法》、《中华人民共和国安全生产法》、《中华人民共和国劳动法》、《中华人民共和国建筑法》和《建设工程安全生产管理条例》、《危险化学品安全管理条例》、《国务院关于特大安全事故行政责任追究的规定》、《中华人民共和国内河交通安全管理条例》等。

9.1.1 现场调查的目的,一是核对设计文件与现场的符合程度,二是为制订合理的安全技术措施和环境保护措施掌握第一手资料。制订安全技术措施应坚持"预防为主"的方针,必须根据工程的特点,具有针对性,切忌泛泛而谈。制订环境保护措施应根据工程的周边环境情况,着重考虑由于路基施工而引发的环境保护问题,如施工扬尘、噪声、废水、废弃物排放、水土保持、生物保护等等。

9.1.3 路基施工现场易发生安全事故的部位主要有:易燃和易爆物品仓库、爆破区、高边坡路基填(挖)方施工段、高边坡路基防护、沿河路基施工段、交通干扰路段、居民密集区、施工便道急弯、陡坡处、建筑物拆除、支挡结构基础施工、悬崖、陡坎等,上述部位应加强防范,保证安全防护设施到位,确保施工安全。

9.2 安全施工

9.2.3 施工便道、便桥(包括涵洞)应根据拟通过施工机械类型、运输机械类型、载重量等进行专门设计,并设置相应的交通标志牌。

施工便道、便桥应根据路况和交通流量情况,设专人维护和指挥交通,以防止扬尘和道路坑凹不平而引发环境污染、运输机械损坏和发生交通安全事故。

9.2.4 路堤边缘一般比较松散,因此机械靠近路堤边缘作业时易发生倾覆事故,要特别加以小心,应根据路堤高度留有必要的安全距离,并采取设专人指挥、设置安全警示标志等必要的安全措施。

推土机多机在同一作业面作业时,前后两机相距不应小于 8m,左右相距应大于1.5m;多台拖式铲运机作业,前后净距不得小于 10m, 左右净距不得小于 2m;两台以上压路机同时作业,其前后间距不得小于 3m。

9.2.6 开挖前,应对相邻的结构物进行调查,并制订相应的临时加固方案,然后进行加固,防止因路基开挖引发相邻结构物下沉和变形。开挖工作完成后,应按设计及时修建永久加固防护设施。

路基施工宜在路基范围内的公用设施拆迁完成后进行。对于在路基范围内暂时不能迁移的结构物,应根据结构物的类型、特点、重要程度等在结构物周围通过计算确定预留土台大小,确保结构物在开挖施工期间的安全。

9.2.7 支撑防护是路基排水和防护结构基础开挖时关系到施工安全的一项重要工作,其中包括支撑的设计、施工、维护和拆除。对这些内容必须精心设计、精心施工,以免坑壁失稳,出现塌方,造成人身安全事故。

采用人工开挖时,如沟槽(基坑)较深,不能直接将土扔到沟槽(基坑)外,就应采取分层开挖、层间留台的措施,分层高度一般不宜超过 1.5m,层间留台宽度不宜小于 0.8m。

沟槽(基坑)上边缘暂时堆放的土方距沟槽(基坑)边不得小于 0.8m,堆放高度不得超过 1.5m。

根据《高处作业分级》(GB 3608—93)定义,凡在坠落高度基准面 2m 以上(含 2m)有可能坠落的高处进行的作业,均称为高处作业。安全防护要求可参照《建筑施工高处作业安全技术规范》(JGJ 80—91)相关条款执行。

开挖至基底标高后,应尽快安排结构物施工,以尽量避免沟槽(基坑)因长时间暴露而可能引发的坑壁坍塌事故。

在施工过程中应经常检查边壁土质稳固情况,发现有裂缝、疏松或支撑走动,要随时采取加固措施。

9.2.8 围堰结构设计应防水严密,安全可靠,能够承受水、土及施工附加荷载的产生压力,满足其强度和稳定性(抗滑动、抗倾覆)要求,满足抗冲刷要求,围堰顶面应高出施工期间可能出现的最高水位(包括涨潮、浪高)0.5~0.7m。

9.2.9 在进行脚手架设计时,脚手架上料斜道的铺设宽度不得小于 1.5m,坡度不得大于 1:3,防滑条的间距不得大于 0.3m。

9.2.12 施工过程中处理故障时,必须停机、断电、停风,防止机械误动作造成事故。故障处理结束,在开机送风、送电之前,通知有关作业人员,防止有人处于危险位置而因突然开机受到伤害。

9.2.13 张拉预应力锚杆(索)时,由于可能发生断丝和锚具楔子滑脱沿轴向飞出伤人事故或由于锚固不可靠而可能发生整个锚杆(索)连同张拉设备一起被弹出,故张拉时,千斤顶近旁严禁站人，以防止发生伤害事故。

9.2.15 拆除建筑物时应对作业区进行调查，评估拆除过程中可能对相邻结构物及环境造成的危害，制订安全可靠的拆除方案。拆除前，必须在拟拆除建筑物周围设置安全警戒线，清除建筑物内的易燃、易爆物品，切断通入该建筑物的各种管道及电气线路。拆除作业应先拆高处，后拆低处，先拆非承重构件，后拆承重构件，严禁上下同时作业。严禁采用掏空、挖切和大面积推倒的拆除方法。拆除中每班作业休息前，应拆除至结构的稳定部位。当采用爆破方法进行拆除作业时，必须有经批准的控制爆破设计文件，并严格遵守爆破安全规程的相关规定。

9.3 环境保护

国家现行涉及有关环境保护的主要法律、法规有《中华人民共和国环境保护法》、《中华人民共和国大气污染防治法》、《中华人民共和国固体废物污染环境防治法》、《中华人民共和国环境噪声污染防治法》、《中华人民共和国水土保持法》、《中华人民共和国野生动物保护法》、《中华人民共和国文物保护法》、《中华人民共和国水污染防治法》和《中华人民共和国水污染防治法实施细则》、《中华人民共和国水土保持法实施条例》、《中华人民共和国野生植物保护条例》、《中华人民共和国自然保护区条例》、《建设项目环境保护管理条例》等。

9.3.1 防止水土污染和流失

1 合理利用土地和切实保护耕地是我国的基本国策。施工过程中要严格控制临时用地数量，各种临时设施尽可能设置在公路用地范围内或利用荒坡、废弃地解决。施工过程中要采取有效措施保护水土资源，防止水土流失和农田污染。

弃土场的支挡结构应根据弃土或弃石等堆放的数量、位置和地形特点，选择合理的结构形式并进行专门设计，以有效地控制水土流失。

3 生活污水和清洗施工机械、设备及工具的废水、废油等有害物质，如果直接排放，会污染水质、土质，影响人们的饮用水源和鱼类的生存、农作物的生长，因此必须采取必要的净化措施处理后，方可排放。

6 在自然保护区、森林、草原、湿地及风景名胜区进行路基施工时，要从有利于生态环境保护的角度来制订施工方案。例如：当公路通过林地时，应严格控制林木的砍伐数量，严禁砍伐公路用地范围之外不影响视线的林木，公路用地范围内，应按绿化设计要求进行栽植；当公路经过草原时，应注意保护草原植被，取、弃土场地应选择在牧草生长差的地方；当公路进入法定保护的湿地时，工程方案应避免造成生态环境的重大改变，施工废料应弃于湿地之外等。

9.3.2 噪声、空气污染的防治

1 “噪声敏感建筑物”是指住宅、医院、学校、机关、科研单位等需要保持安静的建筑物。

对于噪声超过限值规定的,可采取调整作业时间、优化施工机械设备组合、改变施工方法、增加消声设施等措施,以达到减少噪声的效果。

现行国标《建筑施工场界噪声限值》(GB 12523—90)中规定的不同施工阶段作业噪声限值见表 9-1。

表 9-1　等效声级 L_{Aeq}　[dB(A)]

施工阶段	主要噪声源	噪声限值	
		昼间	夜间
土石方	推土机、挖掘机、装载机等	75	55
打桩	各种打桩机等	85	禁止施工
结构	混凝土搅拌机、振捣棒、电锯等	70	55
装修	吊车、升降机等	65	55

3　现行国标《环境空气质量标准》(GB 3095—1996)中规定环境空气质量标准的检查项目为 14 项,但公路环境保护中通常采用的为二氧化硫、总悬浮颗粒物、氮氧化物和一氧化碳四项,标准见表 9-2。

表 9-2　各项污染物的浓度限值(mg/m^3)

污染物名称	取值时间	浓度限值		
		一级标准	二级标准	三级标准
二氧化硫 SO_2	年平均	0.02	0.06	0.10
	日平均	0.05	0.15	0.25
	1h 平均	0.15	0.50	0.70
总悬浮颗粒物 TSP	年平均	0.08	0.20	0.30
	日平均	0.12	0.30	0.50
氮氧化物 NO_X	年平均	0.05	0.05	0.10
	日平均	0.10	0.10	0.15
	1h 平均	0.15	0.15	0.30
一氧化碳 CO	日平均	4.00	4.00	6.00
	1h 平均	10.00	10.00	20.00

4　路基施工的堆料场、拌和站、材料加工厂等要远离居民区、学校,以防止在操作过程中产生的粉尘、废气和噪声对人们居住、工作和学习环境的污染。

9.4　生物保护

9.4.3　在有国家级保护野生动物出没的路段进行路基施工时,应设置预告、禁止鸣笛等标志,注意维护野生动物的栖息环境,并根据野生动物的种类、习性及迁徙季节、路线和活动规律,合理安排施工计划,为动物横向过路设置必要的通道。

9.4.4　根据《中华人民共和国森林法》第二十八条规定:砍伐林木必须申请砍伐许可

证,按许可证的规定进行砍伐;农村居民砍伐自留地和房前屋后个人所有的零星林木除外。

9.4.5 在草、木较密集的地区焚烧清除的丛草、树木宜引发火灾和空气污染,严禁焚烧。

9.5 文物保护

9.5.1 《中华人民共和国文物保护法》第十七条规定:文物保护单位的保护范围内不得进行其他建设工程或者爆破、钻探、挖掘等作业。但是,因特殊情况需要在文物保护单位的保护范围内进行其他建设工程或者爆破、钻探、挖掘等作业的,必须保证文物保护单位的安全,并经核定公布该文物保护单位的人民政府批准,在批准前应当征得上一级人民政府文物行政部门同意;在全国重点文物保护单位的保护范围内进行其他建设工程或者爆破、钻探、挖掘等作业的,必须经省、自治区、直辖市人民政府批准,在批准前应当征得国务院文物行政部门同意。

9.5.2 根据《中华人民共和国文物保护法》的规定,在进行建设工程中发现的文物属于国家所有,任何单位或者个人不得哄抢、私分、藏匿。

10 路基整修与交工验收

10.1 路基整修

10.1.1 检查的项目、方法和频率根据《公路工程质量检验评定标准》确定。路基整修包括自检后的整修和交工验收后的整修。整修的目的是使路基工程达到或者优于设计文件和本规范规定的技术标准和质量标准。

10.1.2 一般情况下,由于路面与路基施工的不连续性,路基顶面表层在多种因素影响下会产生不同类型的局部质量缺陷。为保证路床与路面的整体性,防止出现“夹层”,故应有针对性的处理措施。

10.1.3 路堤超宽的部分在取得甲方、监理、设计单位批准后,可不完全切除,但应采取适当措施和工艺保持边坡平整顺适、稳定。在施工过程中,应及时测量路堤宽度,严防路堤压实后宽度不够。

10.1.4 交工前,应对所有结构物本身以及可能引起隐患的因素进行检查、排除。

10.2 交工验收

10.2.1 中间检查验收是保证工程质量的重要环节。出现的质量事故、质量问题要按规定程序进行处理,发现的质量缺陷根据规范要求或设计要求进行返工或者处理。

公路工程现行标准、规范、规程、指南一览表

（2017 年 5 月版）

序号	类别		编　　号	书名（书号）	定价（元）
1			JTG A02—2013	公路工程行业标准制修订管理导则（10544）	15.00
2			JTG A04—2013	公路工程标准编写导则（10538）	20.00
3			JTJ 002—87	公路工程名词术语（0346）	22.00
4			JTJ 003—86	公路自然区划标准（0348）	16.00
5			JTG B01—2014	★公路工程技术标准（活页夹版，11814）	98.00
6			JTG B01—2014	★公路工程技术标准（平装版，11829）	68.00
7			JTG B02—2013	公路工程抗震规范（11120）	45.00
8			JTG/T B02-01—2008	公路桥梁抗震设计细则（13318）	45.00
9			JTG B03—2006	公路建设项目环境影响评价规范（0927）	26.00
10			JTG B04—2010	公路环境保护设计规范（08473）	28.00
11			JTG B05—2015	★公路项目安全性评价规范（12806）	45.00
12	基础		JTG B05-01—2013	公路护栏安全性能评价标准（10992）	30.00
13			JTG B06—2007	公路工程基本建设项目概算预算编制办法（06903）	26.00
14			JTG/T B06-01—2007	★公路工程概算定额（06901）	110.00
15			JTG/T B06-02—2007	★公路工程预算定额（06902）	138.00
16			JTG/T B06-03—2007	★公路工程机械台班费用定额（06900）	24.00
17			交通部定额站 2009 版	公路工程施工定额（07864）	78.00
18			JTG/T B07-01—2006	公路工程混凝土结构防腐蚀技术规范（13592）	30.00
19			交通部 2007 年第 30 号	国家高速公路网相关标志更换工作实施技术指南（1124）	58.00
20			交通部 2007 年第 35 号	收费公路联网收费技术要求（1126）	62.00
21			交通运输部 2015 年第 40 号	★收费公路联网收费多义性路径识别技术要求（12484）	40.00
22			JTG B10-01—2014	公路电子不停车收费联网运营和服务规范（11566）	30.00
23			交通运输部 2011 年	公路工程项目建设用地指标（09402）	36.00
24			JTG C10—2007	★公路勘测规范（06570）	28.00
25			JTG/T C10—2007	★公路勘测细则（06572）	42.00
26			JTG C20—2011	公路工程地质勘察规范（09507）	65.00
27	勘测		JTG/T C21-01—2005	公路工程地质遥感勘察规范（0839）	17.00
28			JTG/T C21-02—2014	公路工程卫星图像测绘技术规程（11540）	25.00
29			JTG/T C22—2009	公路工程物探规程（1311）	28.00
30			JTG C30—2015	★公路工程水文勘测设计规范（12063）	70.00
31			JTG D20—2006	★公路路线设计规范（0996）	38.00
32			JTG/T D21—2014	公路立体交叉设计细则（11761）	60.00
33			JTG D30—2015	★公路路基设计规范（12147）	98.00
34			JTG/T D31—2008	沙漠地区公路设计与施工指南（1206）	32.00
35		公	JTG/T D31-02—2013	★公路软土地基路堤设计与施工技术细则（10449）	40.00
36			JTG/T D31-03—2011	★采空区公路设计与施工技术细则（09181）	40.00
37		路	JTG/T D31-04—2012	多年冻土地区公路设计与施工技术细则（10260）	40.00
38			JTG/T D32—2012	★公路土工合成材料应用技术规范（09908）	42.00
39			JTG D40—2011	★公路水泥混凝土路面设计规范（09463）	40.00
40			JTG D50—2017	★公路沥青路面设计规范（13760）	50.00
41			JTG/T D33—2012	公路排水设计规范（10337）	40.00
42	设		JTG D60—2015	★公路桥涵设计通用规范（12506）	40.00
43			JTG/T D60-01—2004	公路桥梁抗风设计规范（0814）	28.00
44			JTG D61—2005	公路圬工桥涵设计规范（13355）	30.00
45			JTG D62—2004	公路钢筋混凝土及预应力混凝土桥涵设计规范（05052）	48.00
46	计		JTG D63—2007	公路桥涵地基与基础设计规范（06892）	48.00
47			JTG D64—2015	★公路钢结构桥梁设计规范（12507）	80.00
48		桥	JTG D64-01—2015	公路钢混组合桥梁设计与施工规范（12682）	45.00
49			JTG/T D65-01—2007	公路斜拉桥设计细则（1125）	28.00
50		隧	JTG/T D65-04—2007	公路涵洞设计细则（06628）	26.00
51			JTG/T D65-05—2015	公路悬索桥设计规范（12674）	55.00
52			JTG/T D65-06—2015	公路钢管混凝土拱桥设计规范（12514）	40.00
53			JTG D70—2004	公路隧道设计规范（05180）	50.00
54			JTG/T D70—2010	★公路隧道设计细则（08478）	66.00
55			JTG D70/2—2014	公路隧道设计规范　第二册　交通工程与附属设施（11543）	50.00
56			JTG/T D70/2-01—2014	公路隧道照明设计细则（11541）	35.00
57			JTG/T D70/2-02—2014	公路隧道通风设计细则（11546）	70.00

续上表

序号	类别		编　　号	书名(书号)	定价(元)
58	设计	交通工程	JTG D80—2006	高速公路交通工程及沿线设施设计通用规范(0998)	25.00
59			JTG D81—2006	★公路交通安全设施设计规范(0977)	25.00
60			JTG/T D81—2006	★公路交通安全设施设计细则(12609)	50.00
61			JTG D82—2009	公路交通标志和标线设置规范(07947)	116.00
62		综合	交公路发〔2007〕358 号	公路工程基本建设项目设计文件编制办法(06746)	26.00
63			交公路发〔2007〕358 号	公路工程基本建设项目设计文件图表示例(06770)	600.00
64			交公路发〔2015〕69 号	公路工程特殊结构桥梁项目设计文件编制办法(12455)	30.00
65	检测		JTG E20—2011	公路工程沥青及沥青混合料试验规程(09468)	106.00
66			JTG E30—2005	公路工程水泥及水泥混凝土试验规程(13319)	55.00
67			JTG E40—2007	★公路土工试验规程(06794)	79.00
68			JTG E41—2005	公路工程岩石试验规程(13351)	30.00
69			JTG E42—2005	公路工程集料试验规程(13353)	50.00
70			JTG E50—2006	★公路工程土工合成材料试验规程(0982)	28.00
71			JTG E51—2009	公路工程无机结合料稳定材料试验规程(08046)	60.00
72			JTG E60—2008	公路路基路面现场测试规程(07296)	38.00
73			JTG/T E61—2014	公路路面技术状况自动化检测规程(11830)	25.00
74	施工	公路	JTG F10—2006	公路路基施工技术规范(06221)	40.00
75			JTG/T F20—2015	★公路路面基层施工技术细则(12367)	45.00
76			JTG/T F30—2014	公路水泥混凝土路面施工技术细则(11244)	60.00
77			JTG/T F31—2014	公路水泥混凝土路面再生利用技术细则(11360)	30.00
78			JTG F40—2004	★公路沥青路面施工技术规范(05328)	50.00
79			JTG F41—2008	公路沥青路面再生技术规范(07105)	25.00
80		桥隧	JTG/T F50—2011	★公路桥涵施工技术规范(09224)	110.00
81			JTG/T F81-01—2004	公路工程基桩动测技术规程(0783)	20.00
82			JTG F60—2009	公路隧道施工技术规范(07992)	42.00
83			JTG/T F60—2009	公路隧道施工技术细则(07991)	58.00
84		交通	JTG F71—2006	★公路交通安全设施施工技术规范(0976)	20.00
85			JTG/T F72—2011	公路隧道交通工程与附属设施施工技术规范(09509)	35.00
86	质检安全		JTG F80/1—2004	公路工程质量检验评定标准　第一册　土建工程(05327)	46.00
87			JTG F80/2—2004	公路工程质量检验评定标准　第二册　机电工程(05325)	40.00
88			JTG G10—2016	公路工程施工监理规范(13275)	40.00
89			JTG F90—2015	★公路工程施工安全技术规范(12138)	68.00
90	养护管理		JTG H10—2009	公路养护技术规范(08071)	49.00
91			JTJ 073.1—2001	公路水泥混凝土路面养护技术规范(13658)	20.00
92			JTJ 073.2—2001	公路沥青路面养护技术规范(13677)	20.00
93			JTG H11—2004	公路桥涵养护规范(05025)	30.00
94			JTG H12—2015	公路隧道养护技术规范(12062)	60.00
95			JTG H20—2007	公路技术状况评定标准(13399)	25.00
96			JTG/T H21—2011	★公路桥梁技术状况评定标准(09324)	46.00
97			JTG H30—2015	公路养护安全作业规程(12234)	90.00
98			JTG H40—2002	公路养护工程预算编制导则(0641)	9.00
99	加固设计与施工		JTG/T J21—2011	公路桥梁承载能力检测评定规程(09480)	20.00
100			JTG/T J21-01—2015	公路桥梁荷载试验规程(12751)	40.00
101			JTG/T J22—2008	公路桥梁加固设计规范(07380)	52.00
102			JTG/T J23—2008	公路桥梁加固施工技术规范(07378)	30.00
103	改扩建		JTG/T L11—2014	高速公路改扩建设计细则(11998)	45.00
104			JTG/T L80—2014	高速公路改扩建交通工程及沿线设施设计细则(11999)	30.00
105	造价		JTG M20—2011	公路工程基本建设项目投资估算编制办法(09557)	30.00
106			JTG/T M21—2011	公路工程估算指标(09531)	110.00
1	技术指南		交公便字〔2006〕02 号	公路工程水泥混凝土外加剂与掺合料应用技术指南(0925)	50.00
2			厅公路字〔2006〕418 号	公路安全保障工程实施技术指南(1034)	40.00
3			交公便字〔2009〕145 号	公路交通标志和标线设置手册(07990)	165.00

注:JTG——公路工程行业标准体系;JTG/T——公路工程行业推荐性标准体系;JTJ——仍在执行的公路工程原行业标准体系。

带“★”的表示有勘误,详见中国交通运输标准服务平台 www.yuetong.cn/bzfw。